世界の工芸と観光

手しごと・美しさ・豊かさ

View of the World through Crafts and Tourism
Handcrafts : Beauty and Richness

山﨑 茂雄［編］

長岡 亜生 ／ 石丸 香苗 ／ 加藤 裕美 ／ ロレイン・サッカ

晃洋書房

本書掲載の国・地域

本書文中に関連するミュージアム一覧

第2章　ロトルア(ニュージーランド)

ロトルア博物館　Rotorua Museum
Government Gardens Oruawhata Drive, Rotorua 3046, NZ
www.rotoruamuseum.co.nz

テ・プイア　Te Puia
Hemo Road, Tihiotonga, Rotorua 3040, NZ
tepuia.com

ワイカト博物館　Waikato Museum
1 Grontham Street, Hamilton, 3204, NZ
waikatomuseum.co.nz

国立博物館テ・パパ・トンガレワ
Museum of New Zealand,Te Papa Tongarewa
55 Cable Street, Te Aro, Wellington 6011, NZ
www.tepapa.govt.nz

第1章　サラワク(マレーシア)

サラワク博物館　Sarawak Museum
Jalan Tun Abang Haji Openg, Taman Budaya, 93400 Kuching, Sarawak, Malaysia
https://museum.sarawak.gov.my/

サラワク文化村　Sarawak Cultural Village
Damai Beach Resort, 93762, Kampung Budaya Sarawak, 93010 Kuching, Sarawak, Malaysia
https://scv.com.my/

サラワク工芸品評議会　Sarawak Craft Council
No. 17, Tingkat 1, Jalan Court House, 93000 Kuching, Sarawak, Malaysia.
https://sarawakhandicraft.com.my/

第4章　ロンドン（イギリス）

ヴィクトリア＆アルバート博物館
Victoria and Albert Museum (V&A)
Cromwell Road, London, SW7 2RL
https://www.vam.ac.uk/

ウィリアム・モリス・ギャラリー　William Morris Gallery
Lloyd Park, Forest Road, London E17 4PP
https://www.wmgallery.org.uk/

レッド・ハウス　Red House
Red House Lane, Bexleyheath, London, DA6 8JF
https://www.nationaltrust.org.uk/red-house

ケルムスコット・マナー　Kelmscott Manor
Kelmscott, Lechlade, Gloucestershire GL7 3HJ
https://www.sal.org.uk/kelmscott-manor/

エマリー・ウォーカー邸　Emery Walker's House
7 Hammersmith Terrace, Hammersmith, London W6 9TS
https://www.emerywalker.org.uk/

モリス協会／ケルムスコット・ハウス
The William Morris Society / Kelmscott House
26 Upper Mall, Hammersmith, London W6 9TA
https://williammorrissociety.org/

第3章　福井・西表島（日本）／台湾

大宜味村立芭蕉布会館
沖縄県国頭郡国頭郡大宜味村字喜如嘉454
http://bashofu.jp/

南嶋民俗資料館
沖縄県石垣市字大川188番地
http://www.museum-okinawa.jp/54nanto/

順益台湾原住民博物館
台湾台北市士林区至善路二段282号
http://www.museum.org.tw/symm_jp/

国立台湾史前文化博物館
台湾臺東市博物館路 1号
https://jp.nmp.gov.tw/about01-1.html

東糖文化創意産業園区
台湾台東市中興路二段191号
https://tour.taitung.gov.tw/ja/attraction/details/864

はたや記念館ゆめおーれ勝山
福井県勝山市昭和町1丁目7-40
https://www.city.katsuyama.fukui.jp/hataya/

［口絵］ 工芸に出会う世界の旅

口絵１　マレーシア、サラワクの民族衣装の一つ
曲がりくねった模様がサラワクの民族的モチーフの一つ

（出所）筆者撮影

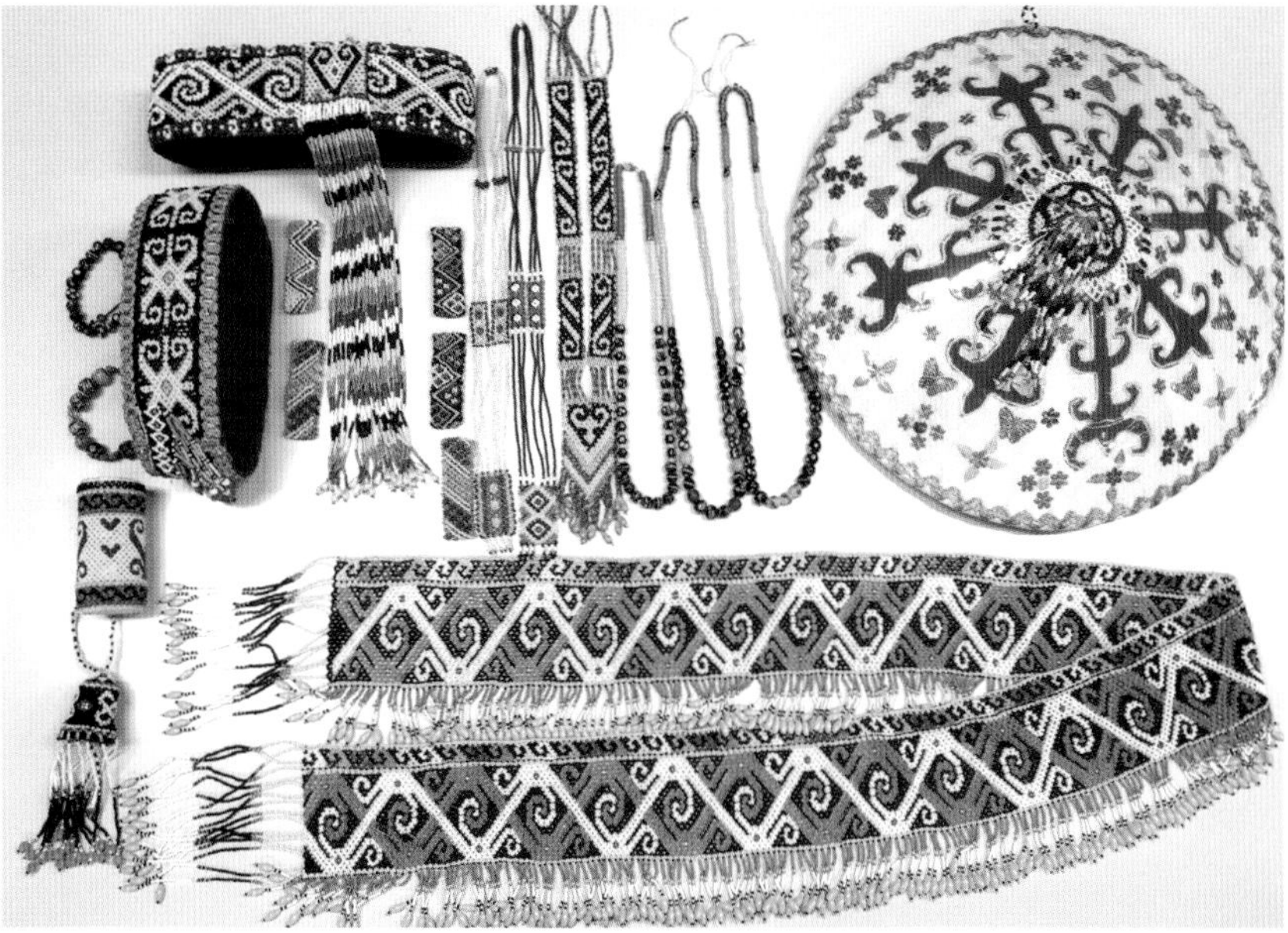

口絵２　サラワクのビーズ手工芸品

帽子、首飾り、腕輪、肩掛けなど

（出所）筆者撮影

口絵３　サラワクのラタン手工芸品

（出所）筆者撮影

口絵４　サラワクのラタン手工芸品（帽子・冠）

左と中央が従来用いられていたもの、右がプナンによって新しく創作されたもの

（出所）筆者撮影

口絵５　訪問客熱烈歓迎の意が込められたニュージーランド・ロトルア空港内のマオリ工芸装飾

（出所）筆者撮影

口絵６　ロトルア空港到着ロビーに通じる通路

（出所）筆者撮影

口絵７　マオリが伝統的な漁で用いる小型舟の展示

（出所）筆者撮影

口絵８　マオリの村に存在する誇り高きマオリ文化発祥の自噴井

（出所）筆者撮影

口絵９　観光施設（Tamaki and Mitai）は世界中からこの地を訪ねる人々にマオリの伝統的食材と調理法を披露している。

（出所）筆者撮影

口絵10　マオリの村の観光施設で毎晩繰り広げられるマオリの舞踊

（出所）筆者撮影

口絵11　マオリの村にある観光施設のエントランスには
マオリの工芸が装飾されている。

（出所）筆者撮影

口絵12　マオリ文化の世界性を高めた豊かな自然

（出所）筆者撮影

口絵13　民族衣装を着てガイドをするブヌン族のサヴィさん。

（出所）筆者撮影

口絵14　台東にある東糖文化創意産業園区の原住民工芸品を扱う店舗の一画
華やかな色彩の原住民デザインモチーフの商品が並ぶ。

（出所）筆者撮影

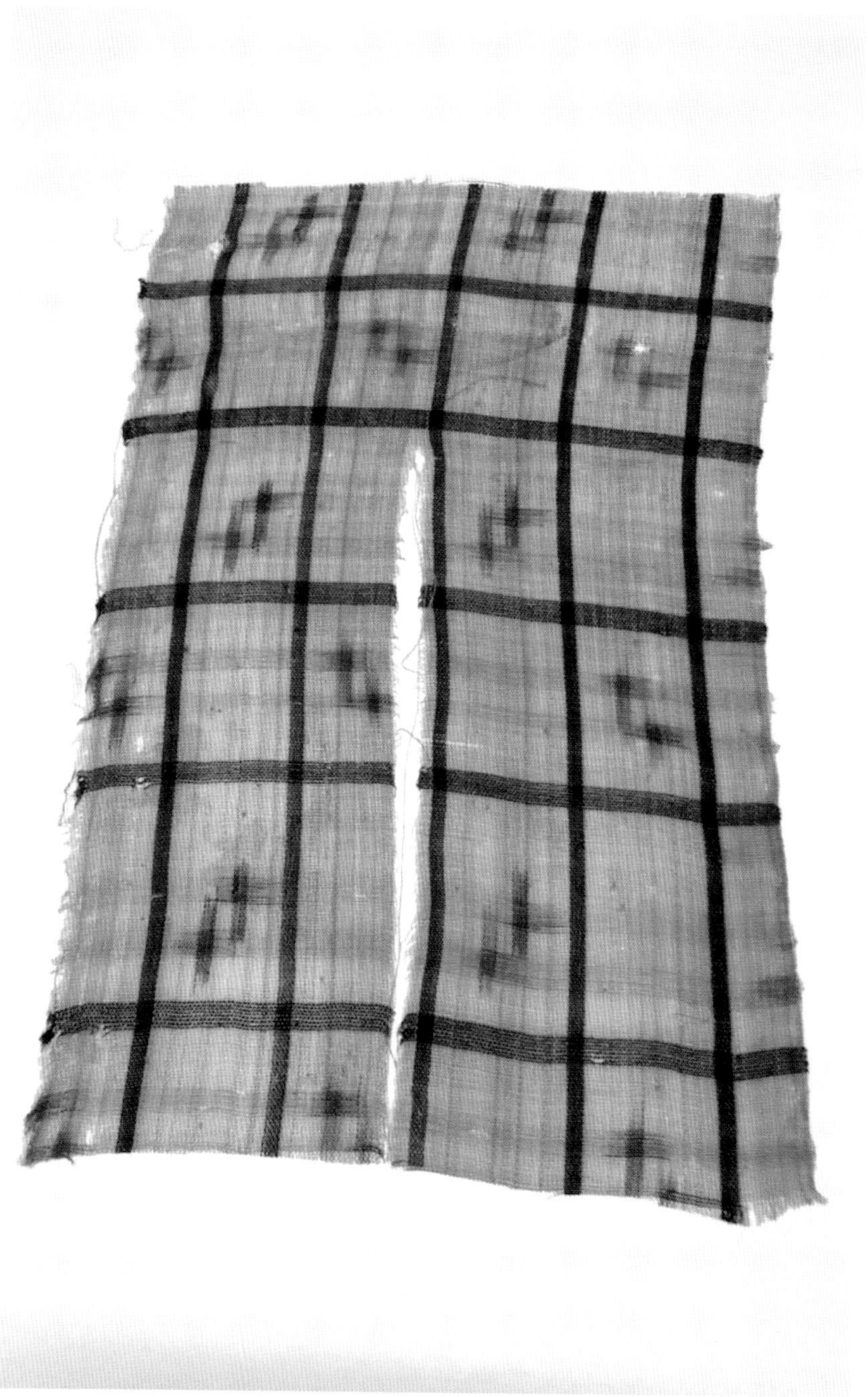

口絵15　石垣島の南嶋民俗博物館所蔵の芭蕉布。八重山諸島で織られたもの。
（出所）南嶋民俗資料館

口絵16　ブヌン族の村のあちこちで見られる伝説を伝えるレリーフには、民族衣装をまとった男女の人々が描かれている。

（出所）筆者撮影

口絵17　モリスらが内装を手がけた〈モリス・ルーム〉（ヴィクトリア＆アルバート博物館）

（出所）筆者撮影

口絵18　〈ウィリアム・モリス・ギャラリー〉
2階からエントランス付近のショップを見下ろす

（出所）筆者撮影

口絵19　〈ウィリアム・モリス・ギャラリー〉Gallery 4: The Workshop
工房での製造工程を学び、工芸を体験できる展示室

口絵20　仲間たちとつくりあげたモリス新婚時の住まい〈レッド・ハウス〉

（出所）筆者撮影

口絵21　格子垣(1864年)

〈レッド・ハウス〉の庭にインスピレーションを得たモリス最初の壁紙デザイン

口絵22　雛菊(1864年)

〈レッド・ハウス〉には、このモチーフが至るところで使われている

口絵23　モリス作品にあふれるエマリー・ウォーカー邸のダイニングルーム

口絵24　エマリー・ウォーカー邸ダイニングルームの壁にかけられた〈鳥〉の手織物

口絵25　苺泥棒（1883年）
コッツウォルズ〈ケルムスコット・マナー〉近くの風景から生まれたデザイン

口絵26　菊（1877年）
日本の影響があるとされるモリスのデザイン

目次

序章　工芸が観光に持つ意味

山﨑茂雄

1　観光の価値は経済価値だけなのか

近年、日本の手しごとに、外国人の注目が集まっている。日本の各地で、外国人が手しごとのまち歩きをし、工房に立ち寄り、工芸体験までも試みる、そうした風景は今や珍しいものではない。

一方、メディアでは増え続ける外国人旅行者こそ、衰退する地方経済の救世主であるという論調も目立つ。実際、海外からの旅行者が観光バスやクルーズ船などで大勢地方に押し寄せ、そうした旅行者がその土地の工芸品を買い求める姿を目にすることも多い。こうした観光現象は、外国人の手しごとへの関心の高まりが地方経済を潤すという印象を地方で暮らす人々に与えている。

そのため、工芸観光の成否は、販売額や販売量に左右されると考えられがちである。どれほど工芸品の点数が販売されたか、どの程度工芸観光施設への入場者数を数えたのか、またチケット販売実績が上げられるか、などに注目が集まりやすい。それゆえ、必然的に工芸の産地をめぐる観光の価値とは「経済価値」とみなされ、インバウンドによる経済波及効果を性急に求め、その多寡を見定める向きも多い。

観光誘致施策に多額の公的投資が注がれたにもかかわらず、商品や観光施設のチケットの売上高が失望に終われば、その施策効果が認められないとしばしば受け止められてしまうのも、このためであろう。果たして、工芸をめぐる観光の価値は、「経済価値」だけに縛られるのであろうか。

2 現代社会において工芸とは何か

大辞林〔第三版〕によれば、工芸とは、「実用品としての機能性に、美的装飾性を加えて物品を作りだすこと。また、そうして作られた作品の総称」を意味し、生活に直接関係の深い工業的生産物を芸術的に作り出すことである。本書が取り出していくのは、そうした美術的工業と観光との関係性についてである。

すでに編者らは、『神と紙の里の未来学―世界性・工芸観光・創造知の集積―』（二〇一九年、晃洋書房）を上梓した。そこで問うていたのは、工芸の世界が日本の古来よりの伝統を守るというスタンスを逸脱し、デザイン性や芸術性に軸を置きつつ世界とのつながりを模索するという、新たな方向性であり、そのあるべき姿であった。

従来、工芸を取り囲む課題といえば、後継者の喪失、伝統的な手しごとの危機、失われていく地方文化などが多くを占めてきた。たしかに、われわれは手しごとの危機から脱したわけでもなく、近代化のプロセスの中で駆逐されようとしている工芸をいかに考えるのかは古くて新しい問題である。

しかしながら、本書で取り上げるのは、いま述べた視角ではない。本書の問題意識は、工芸が世界とのつながりを模索するなかで、いま工芸が世界に向けて果たすべき役割とは何か、グローバル化する社会のなかで工芸に何が期待されているのか、工芸が地域の国際的な交流人口拡大にいかに役立ちうるのかという点にある。

3 本書が問いかけるもの

翻って、われわれが向き合わなければならないのは社会・時代の危機である。時代の危機的状況のなかで、改めて工芸から人々は何を得るのか、あるいは工芸から何をみようとしているのかを本書は問うている。

ここにいう時代の転換期のなかで、いまわれわれの目の前に立ちはだかる危機とは何か。第一に思い浮かぶのは、日本についていうと、人口減少がある。

第二に、地球規模では環境問題がある。そこでは化石燃料消費に伴う温暖化、森林保護、プラスチックごみ問題等が想起される。第三に、これらと関連し、近代文明の象徴である大量生産・大量消費のライフスタイル、長時間労働、過密労働といったワークスタイルの崩壊なども、現代社会の危機に含まれるかもしれない。

こうした時代の危機的な状況に対して、生活者であるわれわれはどのように振る舞うべきなのか。また、ものづくりを担う職人たちは何ができるのか。職人たちが自らのスキルで応答していくのがデザイン運動であるとしたら、デザイン運動として何が可能であろうか。

周知のように、国際連合は、こうした危機の時代に正面から向き合い、〈持続可能な開発目標（ＳＤＧｓ）〉という指標を打ち立てた。世界を見渡せば、この国連の新たな指標に呼応するように、経済的な利益だけを判断基準としてきたことからの脱却が試みられている。すなわち、人々が自らの欲望を優先させこれまで経済的価値、利潤という物差しのみで測り、決めてきた行動基準が見直され、命という価値、人権、健康と人間性の価値という物差しによる行動基準が優先されつつある。このように、世界の多くの人々や先端的な企業は価値観そのものを変化させている。こうした変化は、危機の時代を時代の転換期ととらえ、これまで通りの発想が、終焉を迎えていることを示唆している。

人口が爆発的に増えた二〇世紀は、量的な解決へのインセンティブが極めて強かったというべきかもしれない。しかし、二一世紀の社会的構造変化に対しては、われわれは二〇世紀的な豊かさとは明らかに異なる豊かさを求めざるを得ない。本書においては、人口減少の社会環境のなかで量的な豊かさを追求するのではなく、質的な豊かさを追求するという視点から工芸を見つめ直してみることにする。

改めて社会の豊かさの方向を考えたとき、そこでは量と質という二つのベクトルが存在し、それぞれの量と質の均衡が図られなければならない。そこでは両者のバランスが必要となるからである。

もとより現代の日本をクオリティが高いものづくりという視点で捉えた場合、量的イメージ、経済イメージからの切り替えができていない。ものづくりの生産現場では、モノをいかに大量に売りさばくかに関心が集まり、消費者がアプリをワンクリックすれば直ちにモノが手に入る方向ばかりをたくましくしている。一方、新規性のあるものがデザインと一般的に思われ、伝統を今に生かすことへの躊躇が生産者にも見え隠れする。また、誰が作ったものかわからない消費文化が一般化し、生産者の顔も見えにくい。

本書は、ウィリアム・モリスの思想を手がかりに、工芸を再考していく。彼は産業革命後のビクトリア時代に生きた新しい市民層にとってのデザインとは何かを問い、機械による大量生産への批判としてデザイン運動を始めた。手工芸を見直して、機械による大量生産品にはなかった美学を考えていくというのが、モリスの思想の原点になっている。イギリスのみならずドイツ、アメリカ、フランス、北欧などにおける産業デザインは、彼の運動からヒントを得て発展したものに他ならない。アールデコ、アールヌーボー、Bauhausには、その一端が垣間見られるであろう。

実は、工芸は、旅行と密接に関わる。人々は移動しながら、価値を発見していく。価値の発見を考えるとき、そういう地の体験、生活体験というプロセスは大切である。

前著『神と紙の里の未来学―世界性・工芸観光・創造知の集積―』において、編者らは図と地の観光理論を援用して、地としての工芸観光をつかみ取ろうとしていた。マスとしての観光が行き詰っていくなかで、その危機を乗り越えるべく生まれたのが着地型観光であり、生活文化に根ざされた、その旅の楽しさが人々を魅了する。

そもそも図と地の観光理論とは、図（目の前に現れている前景、フィギア、フォア・グラウンド）と地（背景、現世、バックグラウンド）を想定して、観光を捉え直す考えである。図／前景が認識できる限りは地／背景がある。地が存在しないと図は認識できない。

もともと図と地の関係性は、ゲシュタルト心理学のルビンの壺として知られる。これを工芸にあてはめて考えると、工芸という壺をわれわれは「図」としてみている。しかし、ルビンの壺の背景には両脇に「地」としての背景があり、そこには、別の図が潜んでいる。背景としての地があるから壺は浮かび上がってくる（**図0－1**）。

こうした図と地の関係性に目を向けて観光現象

図0-1　ルビンの壺

（出所）『大辞泉』小学館刊による。

を取り出していくと、われわれは興味深い事柄に気づく。地は、われわれが遠く捨て去り、忘れてしまったはずの本来の生活の機微、記憶の世界であり、こうした記憶の世界は無意識のうちにわれわれを縛り付けている。工芸という芸術的表現によって、それがむき出しにされたとき、観光者はふいに親近感や好奇心を抱く。

機能性、合理性一辺倒で突き進んできた現代は、地に目配りする余裕すら失っている。工芸に美の本質があるのだとしたら、「地」すなわち、〈美の背後に隠れている生活文化〉にこそ、観光的魅力が凝縮されているのではないか。

本書の執筆にあたって、執筆者らはいま述べた問題意識から出発し、世界に目を向け、世界各地の工芸、手しごとの産地をフィールドリサーチしてしてきた。訪れた土地では労働集約型産業として、また分業化された製品としての工芸が手がけられていた。産地が先進国であろうと発展途上国であろうと、都市であろうと農村地域であろうと、現代の産地は高度に発達した市場社会に組み込まれている。

こういえば、生産―流通―加工―卸売―小売―消費者というサイクル、それぞれ細分化された専門的組織や業務にばかりに目がいきがちである。そこでは、価格が安いか高いか、重量が軽いか重いか、といったことのみ語られ、生産に携わる人々の労苦や製品が生まれてきた背景は語られることはない。また、消費者の倫理性が問われることはこれまでなかった。

われわれの問いは、「産業としての工芸は経済的土壌、その背後にはすでにわれわれが忘れているかのような生活文化の根っこがあり、そこにこそ美的価値、美的対象としての観光資源が潜んでいるのではないか」というものである。消費者は、ただ観光地で工芸品を買い漁るのではなく、たとえば環境にやさしい素材の産地を美的対象として積極的に評価して訪ね歩くのではないか（エシカル消費）。本書は、こうした問いかけから出発したプロジェクトであった。

4　本書の構成

さて、本書の構成についてここで触れておきたい。

まず、本書を執筆するにあたり、筆者らはマレーシア、台湾、ニュージーランド、イギリス、そして沖縄や福井など日本の地方都市をつぶさにリサーチし、分析した。特筆すべきは、編者を除いて執筆者がすべて女性研究者であることである。その意味から、とくに女性の視点からの分析が本書では各所にちりばめられている。

まず、第一章においては、マレーシアが扱われる。二〇一九年三月にマレーシアにおいて観光向け手工芸品の現地調査が行われた。サラワク州ブラガにおいて先住民が作成するラタン（籐）のバスケットやカバンの作成過程、モチーフの選定について聞き取り調査が実施された。この土地の人々は、日常的な生業活動である狩猟や採集に先住民が利用するラタン製品を、観光向けにアレンジし、華人の商人を通じて委託販売をしていた。モチーフについては、サラワクらしさを表現した伝統的な植物のツルや人面（udok）が取り入れられていた。これらのモチーフは伝統的な刺青や家屋装飾に用いられるものであるが、それがみやげものにも応用されている。また、伝統手工芸品の制作、販売過程には様々な民族集団が関わっている。伝統工芸品の制作が観光によっていかなる変革を遂げているのかを本章では明らかにされる。

すなわち、従来限られた民族集団が利用していたモチーフが、観光という現象をきっかけに、より広範な人々がそのモチーフを取り入れ、自文化として表象していく過程について明らかにされる。とりわけ、共通して、伝統的な暮らしにおける資源利用への評価が相対的に低下するなかで、人々が観光を利用して自らの文化に社会的な評価を加え、それにより文化保存や存在感の向上が図られていた点が本章で浮き彫りにされる。

一方、第二章においては、ニュージーランド北島の観光地、ロトルア地域が触れられる。筆者らは、マオリによる工芸学校の視察及びインタビューやマイクロビジネスへの聞き取り調査などを図り、有意義な情報を得た。ロトルアにおける先住民、マオリの文化は、ニュージーランドにおける多文化共生、すなわち少数者の文化を尊重し、共生していく国民的合意のもとで、保護・展開されている。この方向性は、世界の社会包摂の理念と合致するのみならず、国際人権保障、国際協調主義という世界の基本的価値観とも相応しており、多くの国々から共感に基づく観光者の流入を生み出している。同国は人口が、四六九万九七五五人（二〇一八年国勢調査結果）と、五〇〇万にも満たない小規模国家であるが、国民人口の多寡にかかわらない、新たな観光立国への示唆がこの国で感じることができる。

一方、第三章では、沖縄本島・八重山諸島と台湾原住民族の集落及び福井県の地場産業が題材にされる。沖縄本島・八重山諸島と台湾とくに台湾原住民族の集落において、自然資源を利用した暮らしと観光についての調査が行われた。この地域において自然資源を利用した暮らしと観光について調査がなされたが、その結果から何が導かれるのか、われわれは何を学び取ることができるのかが示される。

続く第四章は、イギリス・ロンドン周辺のウィリアム・モリス関連施設が舞台である。執筆者は、モリスの人生や作品をたどり、各施設の展示、アートがどのように一般に公開され利用されているかを明らかにしていく。二〇一八年八月にはRed House, Victoria & amp; Albert Museum、二〇一九年三月にはWilliam Morris Gallery, The William Morris Society, Emery Walker's Houseへの現地リサーチが行われた。本章では、その結果と分析が記される。

いずれの地域も共通して、伝統的な暮らしにおける資源利用への評価が相対的に低下するなかで、観光を利用して自文化に社会的な評価を加えることで、文化保存や存在感の向上が図られていた。注目すべきは、これらの取組の主体が（行政やデベロッパーではなく）当事者であり、観光においては、経済的利益よりも地域固有の文化の保存やその社会的な認識の向上に主眼が置かれていた点にある。言い換えると、各地域の住民自身が主体となり、伝統的な暮らしの文化を観光資源とすることで、自文化の保存やその社会的評価の向上が図られていた。

これらの成果によって逆照射され、日本の地方、とくに執筆者らが研究の本拠に置く福井県が目指す観光とは何であり、観光によって何を得たいと誰が思っているのか、その主体を明確化し共有する必要があるという点に本書は全体的に焦点が当てられる。

最後に、本書を刊行するにあたり、多くの関係者の皆様のご協力、ご支援をいただいた。そして、科学研究費補助金、二〇一七年度福井県立大学学長裁量研究費「地域から世界へ」、二〇一八年度福井県立大学戦略的課題研究推進支援研究費「観光誘客（インバウンド）」、二〇一九年度同研究費「農林工芸観光の可能性の探求」及び二〇一九年度同個人研究推進支援・出版助成を受けた。執筆者を代表し、深く謝意を申し上げたい。

第1章　生物多様性と文化多様性による観光
――マレーシア・サラワクの伝統工芸品――

加藤裕美

はじめに　――工芸と観光研究の視座

熱帯雨林の魅力である生物多様性と文化多様性は、多くの観光客を引きつけている。本章では、マレーシア、サラワク州（以下、サラワクとする）を事例に、生物多様性と文化多様性があらわれるものとして観光工芸品[1]を取り上げ、観光工芸品の制作や販売を通した民族的モチーフの生成と受容について検討したい。

現在、観光は世界中で重要な産業となっている。途上国や先進国を問わず、多くの国家は観光行政に力を入れており、観光は二一世紀の基幹産業とも呼ばれている。近年では、観光の経済的な側面のみならず、文化的な側面への関心がもたれている。特にゲスト（観光客）とホスト（観光地の社会）の交流による相互理解の促進や、ホスト社会における地域への誇り、生きがいの創出など、観光が注目されることも多い［古村　二〇一五］。

生物多様性や文化多様性にもとづく観光は、それぞれエコツーリズムやエスニックツーリズム（民族観光）としておこなわれている。こうした観光が生まれた背景には、マスツーリズムの飽和と弊害がある。一九五〇年代に二五〇〇万人だった世界の国際観客数は、一九八〇年にはその倍になり、マスツーリズムが普及した。しかし、マスツーリズムの弊害として、自然環境の破壊や文化の侵害、利益の収奪などが指摘されると、一九八〇年代後半には、マスツーリズムに代わる「新たな観光」として、オルタナティブツーリズムが行われるようになる。さらにその後、「持続可能な観光（サステナブルツーリズム）」の重要性が唱えられると、自然や文化を対象にしたエコツーリズムや、エスニックツーリズムが注目されるようになる。自然保護の分野からは、開発と自然保護の調和や、自然保護に対する経済的支援の要望があがっていた。逆に観光業界からは、観光資源としての自然環境の再評価や、自然体験観光への観光客の嗜好変化があった。つまり、自然保護運動と観光業振興の双方のニーズがマッチしたといえる。

このような観光現象に対して、これまで様々な研究が行われてきた。ここでは、文化人類学研究における文化変容モデルを取り上げたい。また、観光工芸品として、みやげもの研究の成果をまとめ、本章の問題意識を示す。文化人類学のなかで観光研究は、人、モノ、金、情報、生活スタイルなどが国家や国境を越えて地球規模で様々な移動や相互交渉が増大する、グローバリゼーション研究やトランスナショナリズム研究の一部としておこなわれてきた。なかでも観光人類学では、外部社会から観光地を訪れるゲストと、ゲストを受け入れるホスト社会が、観光の場における相互交渉を通して、いかなる文化、社会関係、アイデンティティや生活文化の変容がみられるのかを主な研究対象としてきた［市川 二〇一四a］。

こうした観光人類学の分析手法の一つに文化変容モデル（acculturation model）がある。人類学研究の蓄積である、異なる文化が接触するときに生じる様々な事象は、ツーリストとホスト社会の接触にも応用できる。文化変容モデルが説明するのは、二つの文化がどの程度の期間であれ接触する際には、文化の借用の過程を通して両者が互いに似てくるということである。しかしながら、接触の状況によって多様な変数が働くため、文化の借用は二つの社会において非対称になる、というものだ［Nunez and Lett 1989］。

観光による文化変容を理解するための一つの枠組みとして、「まなざし」の概念があげられる。「観光のまなざし」

という概念が定着したのは、イギリスの社会学者ジョン・アーリによる『観光のまなざし』という著書によってである。アーリは、ミシェル・フーコーの「まなざし」の概念を用いて、「見る」側と「見られる」側の権力構造が制度化され、見られる側の行動が、次第に見る側の求めるものに順応していくことを指摘した［Urry 1990］。

このような文化変容の研究に対して、観光工芸品をはじめとするみやげものの研究には以下のようなものがある。ゴードンは、工芸品をはじめとするみやげものは「リマインダー（思い出喚起物）」であり、手に触れることのできないつかの間の思い出を具体化するものであるという。観光地の社会のイメージをアイコンとして凝縮し、それが異なる社会の異なる文脈において消費されることを指摘した。そのため、観光の文脈では、製品本来の機能や品質が求められるのではなく、観光の期間だけに得られる遊戯性や非日常性が求められるという［Gordon 1986、橋本二〇一八］。

一方でグレイバーンは、工芸品をはじめとするみやげものは、長い辛い旅でやっと獲得する「聖杯」であるという［Graburn 1989］。みやげものは「どのような地域性を表象しているのか」よりも「どのような観光者の観光経験を表象しているのか」が問われるのだという［橋本二〇一八］。

他方マッキャネルは、観光客が求めているのは「真正性」であると指摘した［MacCannell 1976］。観光客は観光経験や観光対象、あるいはデザイン、材料、用途において真正なものを求める傾向にあるという。しかしながら、「手つかずの自然」や「地域独特の文化」が失われている現代社会において、「本当の」、「ありのままの」、「純粋な」自然や文化は存在するのであろうか。観光地において「真の」地域文化が手に入るかどうかは疑わしく、真正性の境界は揺らいでいるという［高岡二〇一八］。観光社会学者エリック・コーエンは、マッキャネルの「真正性」の概念を拡大し「創発的真正性（emergent authenticity）」について指摘した。観光によって伝統文化などの「真正性」が破壊されるとする議論に対して、コーエンは、観光によって作り出されるものもまた本物であり、真正なものであると主張した［Cohen 1988、古村 二〇一五］。

このように、観光現象に関する先行研究では、ゲストとホスト社会が接触することによる文化変容が指摘されてきた。また、観光工芸品をはじめとするみやげものの研究は、購入者である観光客の視点から分析されてきたといえる。それでは、観光工芸品の制作者はどのような主体性や創造性をもって工芸品を制作しているのであろうか。また観光工芸品に用いられる民族的モチーフは、誰によってどのように創作され、受容されていくのであろうか。さらに、観光工芸品を作ることは、制作者の社会でどのような意味を持つのであろうか。このような問題意識にもとづき、本章では、マレーシア、サラワクにおける生物多様性と文化多様性にもとづいた観光を概観していく。そのなかでラタン（籐）やビーズを中心とする観光工芸品に注目し、工芸品に描かれる民族的モチーフがどのように生成され、地域社会でどのように受容されているのかを検討する。それにより、従来限られた階層や民族集団が利用していたモチーフが、観光という現象をきっかけに、より広範な人々によって生成され、自文化として受容されていく過程について明らかにしたい。

マレーシア・サラワクの概要

本章で取り上げるのは、マレーシア、サラワクの内陸部にあるブラガである（図1-1）。マレーシアは、東南アジアのマレー半島とボルネオ島の北部からなり、日本の約〇・九倍の面積に三二五八万人が暮らす、多民族国家である(2)。多数派の民族集団であるマレー系、中国系、インド系のほか、マレー半島やボルネオ島のサラワク、サバの先住民をはじめとして、五〇以上の民族集団が暮らすといわれている。こうした文化的多様性は、マレーシア観光の重要な要素となっている。

世界で三番目に大きな島、ボルネオ島の北西部に位置するサラワクは、熱帯雨林が州の約七〇%を占めている。サラワクの人口は二八一万人で、(3)公式には二七の民族集団が居住する。このうち最大の民族集団はイバン（二八・八％）であり、次いで華人（二三・三％）、マレー（二二・九％）、ビダユー（八・〇％）、ムラナウ（四・九％）とつづく［Department of Statistics Malaysia Sarawak 2016］。そのほか、カヤンやクニャ、クラビット、ルンバワン、シハン、プナンといった河川の上流域に暮らす民族集団は、まとめてオランウル（マレー語で「上流の人々」の意味）と呼ばれている。

ブラガは、サラワクの州都クチンから、約七五五キロメートル離れた内陸部に位置する。サラワク第一の長さを持つラジャン川の上流にあり、クチンから船か車を利用して一日から二日かかる。インドネシアとの国境地帯に至る広大なエリアを含むブラガ郡には、三万七一〇二人がおり、クニャ、カヤン、プナン、プーナン、シカパン、クジャマン、ラハナン、マレー、華人、シハン、ウキットなど、この地域に固有の多様な民族集団が暮らしている［Department of Statistics Malaysia Sarawak 2016］。これらの人々は、町に暮らす華人やマレーを除き、河川沿いにある長屋村落

図1-1　マレーシア・サラワクの地図

（出所）筆者作成

（ロングハウス）に住み、焼畑による稲作を営んでいる。ブラガでは、一九八〇年代までラタンやイリペナッツ（*Shorea* spp.）など、非木材林産物の交易が盛んであったが[(4)]、その後は木材の伐採が盛んにおこなわれてきた。現在の産業は、木材伐採、稲作、そしてアブラヤシなどの換金作物栽培である。現地調査は、ブラガにおける観光工芸品の制作者、販売者、購入者へのインタビューを行った。

以下ではまず、マレーシアにおける観光の動向と、サラワクにおける観光政策をまとめ、どちらも生物多様性と文化多様性が観光の資源として重要であることを指摘する。つづく第二節では、サラワクにおける生物多様性をいかしたエコツーリズムの特徴について述べる。第三節では、サラワクにおける文化多様性をいかしたエスニックツーリズムの特徴についてまとめる。そして、第四節では、観光工芸品の制作と販売の過程にみられる民族的モチーフの生成と受容について考察する。

1 マレーシア・サラワクの観光政策

マレーシアの観光動向

マレーシアで観光産業に力を入れ始めるようになるのは、一九八〇年代後半からである。一九七二年に観光開発公社（Tourist Development Corporation Malaysia）が設立されるが、観光誘致が本格化するのは、一九八七年に文化・観光省（the Ministry of Culture and Tourism）が創設されてからだ。一九八〇年代後半以降「魅惑的なマレーシア（Fascinating Malaysia）」キャンペーンや、「マレーシア観光年（Visit Malaysia Year）」キャンペーンなどを行うことにより、観光客誘致が積極化する［イブラヒム 二〇一〇］。二〇一〇年に発表された経済開発計画の第一〇次計画では、六つの観光戦略を掲げ、地域の豊かな自然や世界遺産を活用することで、新たな魅力の創出が計画された[自治体国際化協会 二〇一三]。特に大自然体験や多文化体験のツアー創生とプロモーション、テーマパークや文化芸術、ショッピング、イベントの創出に力が入れられている。

二〇一八年にマレーシアを訪れた外国人旅行者は二五八三万人であり、観光収入は二二三八億円であった[5]（**図1-2**）。世界経済フォーラムにおける「旅行・観光競争力報告書二〇一九」によると、マレーシアは豊かな自然と文化、そして諸経費の安さが評価され、世界一四〇か国中、二九位となっている[6]（**表1-1**）[World Economic Forum 2019]。

マレーシアを訪れる外国人観光客の内訳は、シンガポール、インドネシア、中国、タイ、ブルネイが上位五か国となっており、韓国、インド、フィリピン、日本、オーストラリアと続く[7]（**図1-3**）。傾向としては、約六割が近隣のＡＳＥＡＮ諸国からの旅行者であるということだ。マレーシアを訪れる外国人観光客の訪問場所として

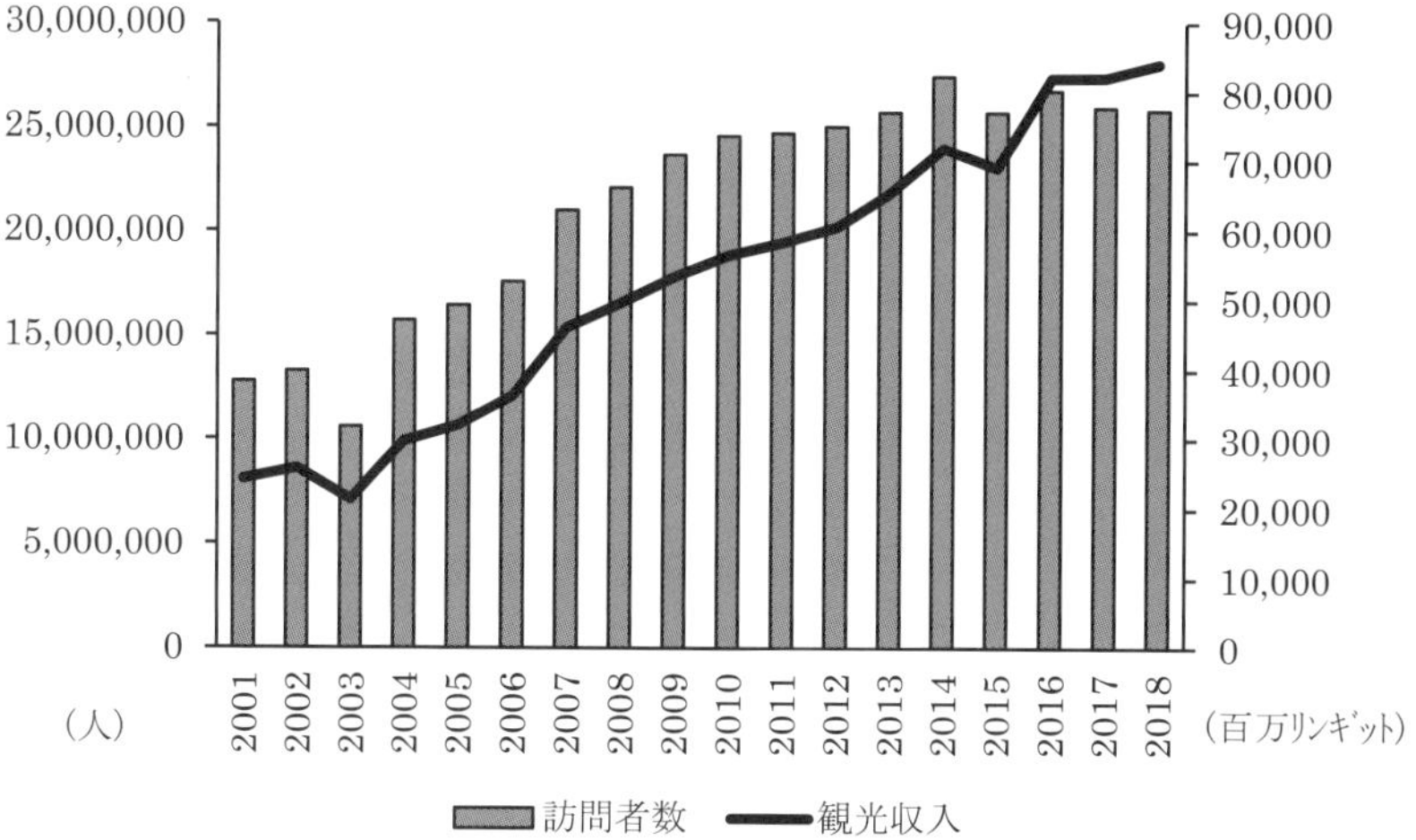

図1-2　マレーシアにおける観光客数と観光収入の推移

（注）1リンギット=26.59円（2020年1月31日）。
（出所）Malaysia Tourism Promotion Board［2019］

表1－1　旅行・観光競争力ランキング2019におけるマレーシアの位置づけ

順位	国、地域	得点	世界平均との差	2017年からの順位変化
1	スペイン	5.4	41.4	0
2	フランス	5.4	40.4	0
3	ドイツ	5.4	40.0	0
4	日本	5.4	39.6	1
5	アメリカ	5.3	36.6	-1
6	イギリス	5.2	34.9	0
7	オーストラリア	5.1	33.6	0
8	イタリア	5.1	32.2	0
9	カナダ	5.1	31.3	0
10	スイス	5.0	30.4	0
11	オーストリア	5.0	28.8	1
12	ポルトガル	4.9	27.2	2
13	中国	4.9	26.7	2
14	香港	4.8	25.1	-3
15	オランダ	4.8	24.5	2
16	韓国	4.8	24.3	3
17	シンガポール	4.8	23.7	-4
18	ニュージーランド	4.7	23.4	-2
19	メキシコ	4.7	21.9	3
20	ノルウェイ	4.6	19.4	-2
21	デンマーク	4.6	19.1	10
22	スウェーデン	4.6	18.6	-2
23	ルクセンブルグ	4.6	18.4	6
24	ベルギー	4.5	18.2	-3
25	ギリシャ	4.5	18.1	-1
26	アイルランド	4.5	18.0	-3
27	クロアチア	4.5	17.6	5
28	フィンランド	4.5	17.4	5
29	マレーシア	4.5	17.3	-3
30	アイスランド	4.5	17.0	-5

（出所）World Economic Forum［2019］

は、首都であるクアラルンプールが最も多く五三%、世界文化遺産のあるペナンが三九%、同じく世界文化遺産のあるマラッカが一八%、世界自然遺産のあるサバが一四%、同じく世界自然遺産のあるサラワクが一三%となっている［自治体国際化協会 二〇一三］。本章で対象とするサラワクは、マレーシアのなかでも五番目に訪問客数の多い州である。マレーシアは二〇二〇年の観光目標を、訪問客数三〇〇〇万人、観光収入二一・六兆円としており[8]、なかでもターゲットとしているのは、エコツーリズム、文化、芸術の三点である[9]。本章で取り上げるエコツーリズムとエスニックツーリズムは、マレーシアの観光政策の重要なターゲットであるといえる。

サラワクの観光政策

サラワクにおける観光政策も、基本的には国家の観光政策と同じく、自然と文化が二大資源となっている。サラワクでは、一九七六年に観光開発公社（Tourism Development Corporation）が設立されたのをきっかけに、観光が意識され始める。観光促進が本格化したのは一九九五年に観光

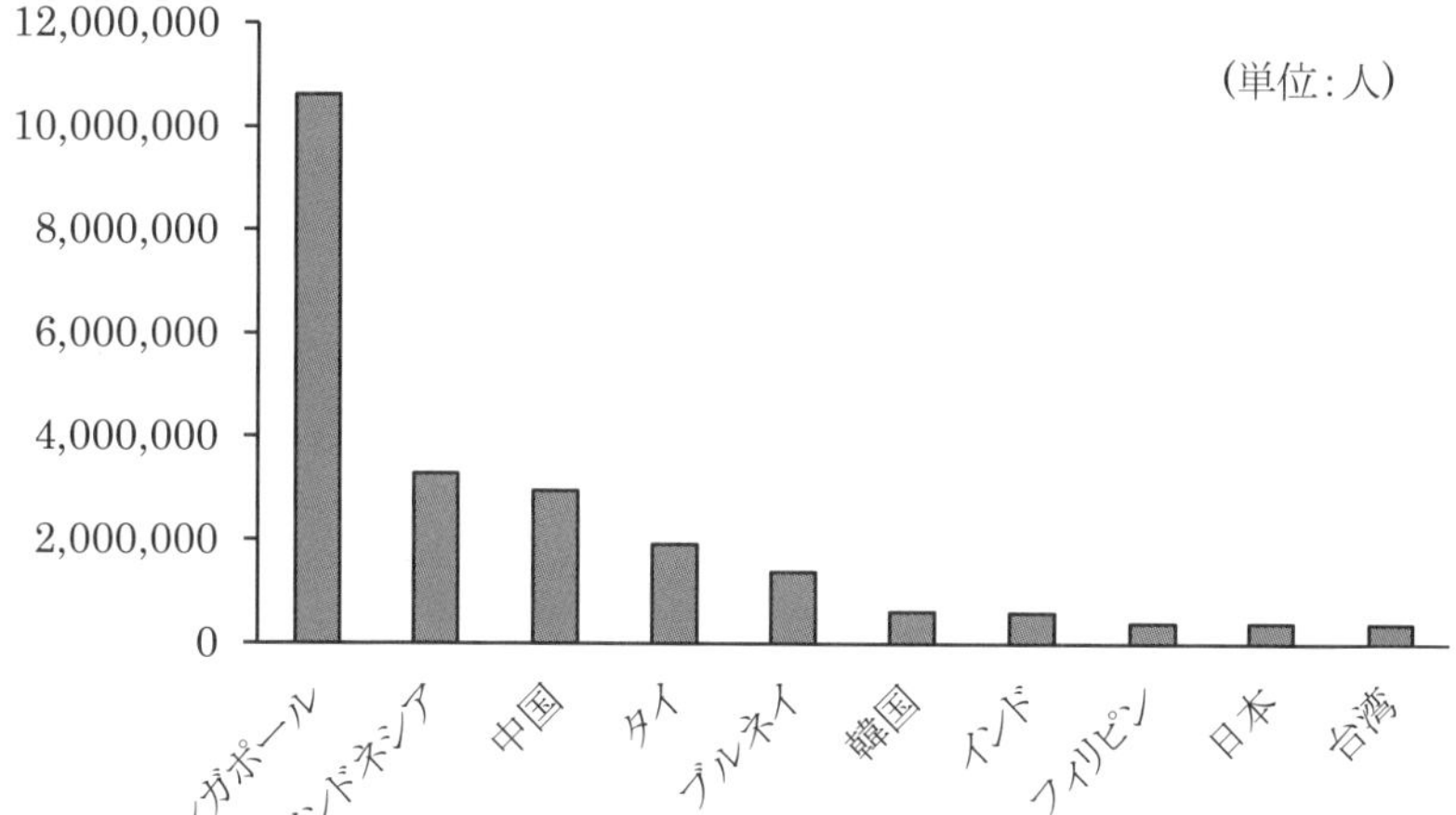

図1-3　2018年のマレーシア訪問者の内訳

（出所）Malaysia Tourism Promotion Board［2019］

省が独立し、その下にサラワク観光局（Sarawak Tourism Board）ができてからだ。サラワク観光局は一九九〇年代以降、サラワク観光キャンペーン（Visit Sarawak Campaign）を推進し、「文化」「アドベンチャー」「自然」をターゲットにしたCANツーリズム(10)に力を入れてきた。特に、二〇〇〇年にグヌンムル国立公園がマレーシアで最初のユネスコ世界自然遺産に登録されると(11)、サラワクの豊かな自然が観光資源としての重要性を増す［奥野二〇〇一］。

こうした観光政策によって、二〇一九年には四六六万人がサラワクを訪問した。その内訳は、マレーシア出身者が五五％、ブルネイが二八％、インドネシアが九％、フィリピンが一％、シンガポールが一％となっており、続く中国、イギリス、インド、オーストラリア、ヨーロッパ、タイはいずれも一％以下である(12)（図1-4）。サラワクへの訪問者は、マレーシア国内や近隣諸国からが多いといえる。

サラワク観光局のウェブサイトに掲載されている観光資源によると、最も多いのが文化・遺産・博物館に関するもので、七〇件掲載されている。次いで自然・国立公園・ビー

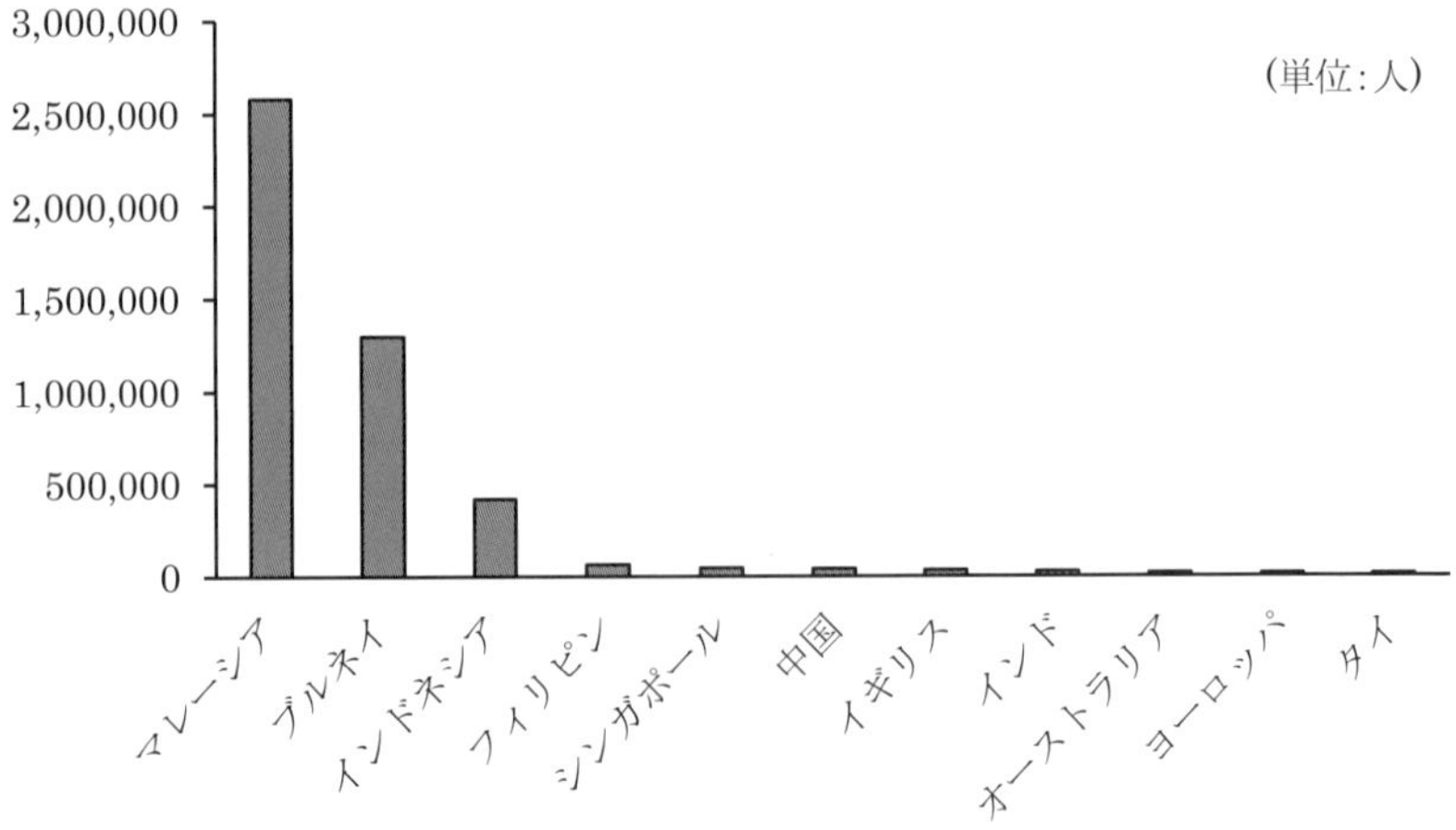

図1-4　2019年のサラワク訪問者の内訳

（出所）サラワク観光局
（https://mtac.sarawak.gov.my/upload/file_folder/VIsitors%20Arrival/Visitor%20Arrivals%20into%20Swak%202019%20(Dec).pdf,　2020年2月10日閲覧）

チに関するものが五六件、食文化に関するものが一九件、市内観光が一九件、教育・ボランティアに関するものが三件である。[13] サラワク観光年二〇一九（Visit Sarawak Year 2019）におけるターゲットは、文化、冒険、自然、食文化、祭りの五つであり、ターゲットのなかでは国立公園や自然保護区が宣伝され、二七の民族集団による多様な文化についても言及されている。[14] それでは、サラワク州政府が進める自然資源を利用した観光とはどのようなものであろうか。以下ではサラワクにおけるエコツーリズムの特徴について述べる。

2　熱帯雨林の生物多様性とエコツーリズム

サラワクの熱帯雨林と観光の特徴は、国立公園の囲み化とそれ以外の森の伐採という二極化にあるといえる。以下では、サラワクの熱帯雨林がどのようにエコツーリズムに利用されているのかを概観し、生物多様性をもとにした観光として、サラワクのエコツーリズムの特徴と問題点について述べたい。

サラワクのエコツーリズム

サラワクの熱帯雨林は、高温多湿の恵まれた環境によって、多種多様な動植物の生息場所となっており、「生物多様性の宝庫」とも言われる。こうした豊富な自然資源は、木材輸出や、アブラヤシ・プランテーション開発、ダム建設に利用されているが、同時に観光資源としても重要である。

サラワクにおけるエコツーリズムの中心となっているのは、自然保護地域（Totally Protected Area）である。自然保護地域は四二の国立公園と一四の自然保護区（Nature Reserve）、五つの野生生物保護区（Wildlife Sanctuary）

から構成されており、このうち一八か所で観光客の受け入れを行っている。(15) 表1-2はサラワクにおける国立公園を設置年順にまとめたものである。この表を見ると、あることに気づくであろう。一九五六年に国立公園法によってバコがはじめて国立公園として登録されて以来、一九七四年までの一八年間は登録がない。一九七四年にグヌンムル国立公園とニアー国立公園など四つが登録されると、二〇〇〇年までは数年に一つの割合で新たに登録されている。その後二〇〇〇年代、二〇一〇年代となると、毎年のように新たな国立公園が登録されているのである。その背景には次項で述べる通り、木材伐採業から観光業への転換がある。

表1-3はサラワクの自然保護地域への訪問者数を示したものだ。このうち最も訪問者が多いのが、クチン市内にあるサマジャヤ自然保護区である。ここは面積三八ヘクタールと狭いものの、都心の住宅街にあるため、散歩やジョギング、遠足で訪れる人が多い。続いてスメンゴー自然保護区、バコ国立公園となっている。スメンゴー自然保護区は、オランウータンへの餌やりを見学することができる。また、バコ国立公園は、泥炭沼沢林やマングローブ林など、汽水域特有の生態系を観察でき、希少なテングザルが見られることでも人気がある。このうち外国人の訪問者が多い場所は異なり、スメンゴー自然保護区、バコ国立公園、グヌンムル世界自然遺産の順となっている。一方でマレーシア人の訪問者が多いのは、サマジャヤ自然保護区、スメンゴー自然保護区、マタン野生生物センターである。マタン野生生物センターでもオランウータンを見学することができる。以上のことからサラワクのエコツーリズムの特徴は、自然保護地域に観光客を誘致し囲い込むものであり、自然保護地域以外の森は伐採され、エコツーリズムには積極的に利用されていないといえる。

表1-2　サラワクにおける国立公園一覧

	名称	施行年	面積(ha)	所在地(省)
1	バコ国立公園	1957	2,727	クチン
2	グヌンムル国立公園	1974	85,671	ミリ、リンバン
3	ニアー国立公園	1974	3,138	ミリ
4	ランビルヒルズ国立公園	1975	6,949	ミリ
5	シミラジャウ国立公園	1976	22,120	ビントゥル
6	グヌンガディン国立公園	1983	5,430	クチン
7	クバー国立公園	1988	2,230	クチン
8	バタンアイ国立公園	1990	24,040	スリアマン
9	ロアガンブヌット国立公園	1990	10,736	ミリ
10	タンジュンダト国立公園	1994	1,379	クチン
11	タランサタン国立公園	1999	19,414	クチン
12	ブキッティバン国立公園	2000	8,000	ビントゥル
13	マルダム国立公園	2000	53,568	スリアマン
14	ラジャンマングローブ国立公園	2000	9,373	サリケイ
15	グヌンブダ国立公園	2000	11,307	リンバン
16	クチンウェットランド国立公園	2002	6,610	クチン
17	プロンタウ国立公園	2004	69,817	ミリ、リンバン
18	ウスンアパウ国立公園	2005	49,355	ミリ、リンバン
19	ミリ-シブティ　コーラルリーフ国立公園	2007	186,930	ミリ
20	サントボン国立公園	2007	3,806	クチン
21	ペラグース国立公園	2009	2,041	カピット
22	ブンゴレンジ国立公園	2009	8,096	クチン
23	ウルスバヤウ国立公園	2010	18,287	スリアマン、サマラハン
24	スリドゥ国立公園	2010	6,311	サマラハン
25	サンパディ国立公園	2011	1,240	クチン
26	リンバンマングローブ国立公園	2012	4,360	リンバン
27	スンガイムルアン国立公園	2013	2,770	ビントゥル
28	デレックリアン国立公園	2013	1,339	クチン
29	ブルイト国立公園	2013	9,875	ムカー
30	グヌンルスン国立公園	2013	595	スリアマン
31	グヌンプエー国立公園	2015	5,831	クチン
32	ブキッカナ国立公園	2015	4,923	ビントゥル
33	ブキッムルシン国立公園	2015	5,729	ビントゥル
34	バクンアイランド国立公園	2015	5,528	シブ
35	バトゥラガ国立公園	2015	38,874	シブ
36	カラムク国立公園	2016	17,527	リンバン
37	グヌンアペン国立公園	2016	1,174	スリアン
38	ダナウムジャン国立公園	2017	3,841	ビントゥル
39	バレー国立公園	2017	66,721	カピット
40	バトゥブリ国立公園	2017	1,128	リンバン
41	バトゥイラン国立公園	2017	4,953	リンバン
42	サバル国立公園	2018	4,709	サマラハン
	合計		797,219	

(注)面積は陸域と海域を含む。
(出所)サラワク森林局(https://forestry.sarawak.gov.my/page-0-400-1012-National-Parks.html,　2019年12月20日閲覧)

表1-3　サラワクにおけるエコツーリズムの訪問先と訪問客数（2018年）

	名称	内訳	小計（人）	合計（人）
1	サマジャヤ自然保護区	マレーシア人	162,747	165,239
		外国人	2,492	
2	スメンゴー自然保護区	マレーシア人	45,983	89,238
		外国人	43,255	
3	バコ国立公園	マレーシア人	22,964	63,796
		外国人	40,832	
4	マタン野生生物センター	マレーシア人	32,438	36,872
		外国人	4,434	
5	ニアー国立公園	マレーシア人	20,226	26,436
		外国人	6,210	
6	サントボン国立公園	マレーシア人	22,216	26,044
		外国人	3,828	
7	フェアリーケイブ自然保護区	マレーシア人	17,729	24,847
		外国人	7,118	
8	ウィンドケイブ自然保護区	マレーシア人	18,193	23,343
		外国人	5,150	
9	グヌンムル国立公園	マレーシア人	5,815	21,665
		外国人	15,850	
10	グヌンガディン国立公園	マレーシア人	15,707	19,198
		外国人	3,491	
11	クバー国立公園	マレーシア人	14,011	18,884
		外国人	4,873	
12	ランビルヒルズ国立公園	マレーシア人	9,360	11,810
		外国人	2,450	
13	シミラジャウ国立公園	マレーシア人	9,652	11,475
		外国人	1,823	
14	タンジュンダト国立公園	マレーシア人	963	1,562
		外国人	599	
15	タランサタン国立公園	マレーシア人	189	703
		外国人	514	
16	ロアガンブヌット国立公園	マレーシア人	382	424
		外国人	42	
17	マルダム国立公園	マレーシア人	50	52
		外国人	2	
18	バタンアイ国立公園	マレーシア人	10	43
		外国人	33	
	合計		541,631	541,631

（出所）サラワク森林局
（https://forestry.sarawak.gov.my/page-0-0-1215-Visitor-Statistics-to-NPs-NRs-and-WCs-2018.html,　2019年12月5日閲覧）

エコツーリズムと森林開発

　サラワクにおけるエコツーリズムの特徴として、二〇〇〇年代以降に国立公園が急増したことと、自然保護地域に観光客を囲い込むツーリズムが行われていることを前項で指摘した。この背景には、熱帯雨林の産業利用に対する政府の方針転換がある。サラワクの自然保護地域は、前述した通り六一の地域が登録されているが、その面積は州面積のわずか八・二％にすぎない。これは商業伐採用に「開発される森」と観光用に「守られる森」の二極化がおこなわれているといえる［佐久間 二〇〇七］。

　サラワクでは、一九七〇年代後半から木材の伐採量が増加する。しかしながら、一九八〇年代は自然環境に対する国際的な関心が高まった時代であり、伐採反対運動の影響により一九九〇年代に入ると徐々に木材伐採量を制限するようになる。そこで急務となったのは、木材産業に変わる新たな外貨獲得手段を軌道に乗せることであり、その結果観光業に目が向けられた。エコツーリズムはより多くのツーリストを引きつけることで、外貨を生み出すための鍵であるとみなされ、国立公園や自然保護区は、エコツーリズムを推進するために設置されてきたといえる。

　フィジーでエコツーリズムの調査をした橋本は、自然保護の精神という西洋的な価値観とは別の理論が地元にあると指摘する［橋本 一九九九］。つまり、受け入れる側の社会にとってエコツーリズムは、観光として売買するビジネスであり、西洋の価値観とはギャップがある。にもかかわらず、このビジネスの側面を自然保護の名のもとに覆い隠し、価値観のギャップに気づかないふりをしているという［古村 二〇一五］。こういった状況は、サラワクやフィジーのみならず多くの国家で見られるようだ。

3 先住民の文化多様性とエスニックツーリズム

現在、サラワクにおける主要な観光形態は熱帯雨林の生物多様性をいかしたエコツーリズムと、先住民の文化多様性をいかしたエスニックツーリズムであることは、前述したとおりである。ここでは、先住民の文化多様性にもとづく観光として、サラワクにおけるエスニックツーリズムの特徴を述べたい。

文化多様性とエスニックツーリズム

サラワクの特徴としてあげられるのが、民族集団の多様性である。最大多数の民族集団であるイバンのほか、マレー、華人、ビダユー、ムラナウ、カヤン、クニャなど公式で二七の民族集団が存在する。こうした多様性は「伝統的」で「オーセンティック」な先住民文化を求めてくるツーリストをも惹きつける場所となっている。

民族多様性による観光では、サラワク博物館（Sarawak Museum）やサラワク文化村（Sarawak Cultural Village）における博物館観光、そして先住民のロングハウスを訪れるエスニックツーリズムが主となっている。サラワク観光局のウェブサイトによると、文化観光の対象地として六〇か所が載っている。うち一一が博物館であり、一六がロングハウスである。残りは、植民地時代の歴史的建造物や、モスク、仏教寺院などの宗教施設だ。[16] サラワク博物館は、クチンの中心部にあり、サラワクに居住する多様な民族集団の民族衣装、生活用品、工芸品などを展示している（口絵1）。また、サラワク文化村は、クチンから北へ四五キロメートル離れた、海岸リゾートであるダマイやサントボン国立公園の近くに位置し、各民族集団の伝統的な家屋が野外展示されている（図1-5）。家屋のなかを見学することができ、伝統的なお菓子や民族衣装を試すこともできる。また一日数回行われる文化ショーでは、民族集団ごとに異なる民族衣装を着用した踊りのショーがおこなわれている。

キングによると、こうした博物館での文化展示はアイデンティティの再生産を行っているという。文化を固定的なものととらえる本質主義への批判である。各民族集団が線引きされ、それぞれの民族集団に固有の物質文化が付随されて展示されているのである。サラワク州政府は博物館が観光資源として重要であるとみなしているため、こういった民族集団の固定化は、旅行者を通しても再生産されるという。博物館は政府の機関であるため、政府が理想とする国民文化像を提示し、国民国家の視点からみた民族集団のありかたを提示する場所になっているという[King 2017]。

ハワイで調査をしたスタントンも、こうした文化展示におけるモデル・カルチャーを批判している。ハワイのポリネシアン・カルチャー・センターは、観光客がポリネシアのものだと認定できる文化のなかから、触って感知することができ、また本物だと信用できるものを入念に選び出し、それを生き生きと描き出すことを企てていると指摘する[Stanton 1989]。サラワク文化村におけるダンスショーも、政府の選ぶモデル・カルチャーの体現の場であるといえよう。こうした博物館観光に加え、サラワクにおけるエスニックツーリズムとしては、以下に述べるロングハウス観光がある。

図１－５　サラワク文化村における家屋壁画の展示

（出所）筆者撮影

ロングハウスツーリズム

サラワク観光局のウェブサイトでは、サラワクの魅力は自然も近代都市も含む多様性にあるとしている。そのひとつがロングハウスとよばれる先住民の長屋村落である。ボルネオ島のインドネシア側では例外的にしか残っていない居住形態が、サラワクでは広く維持されている。ロングハウスツアーでの活動内容は、ロングハウスの見学、集落周辺の熱帯雨林や川、滝へのトレッキング、伝統ダンスの見学、みやげものの購買、伝統的な食事体験、温泉などである。先住民の伝統家屋を訪れつつ周辺の自然も楽しむ、エスニックツーリズムとエコツーリズムが一体化した形態がとられることもある。

サラワク観光局のウェブサイトには、一三件のロングハウスツーリズムの情報が載っている（表1－4）。地域はクチン、シブ、ムカー、ビントゥル、ミリなどサラワク全土にわたる。民族集団としては、イバン、カヤン、プナンなど七つの民族集団に関するツーリズムの情報が載っており、段階的に増やしているようである。

なかでも、クチンからの観光客が最も訪れているのはアナライスである。ここは、先住民の一つであるビダユーのロングハウスであり、クチンから南に約五七キロメートル離れたパダワン地区にある。クチンから日帰りで訪れることができる伝統的な木造建築のロングハウスとして、ツーリストを受け入れた先駆的な村だ。この場所では、竹とボルネオテツボクを使った、伝統的な家屋を見学することができるほか、ホームステイも体験できる。村人は、生活しながら自分たちの生活空間を観光客にみせている。ビダユーのロングハウスツーリズムを調査した吉岡によると、観光客が満足していなかったのが近代化、ごみ、商業化、コミュニケーション、自然の劣化であり［吉岡・増田二〇一一］、この結果から観光客たちは、ロングハウスツーリズムを通して前近代的で非商業主義的な自然を求めていることが分かる。

ブラガにおける先住民文化観光

サラワク観光局のウェブサイトに載っていない、小さな町でもロングハウスツーリズムはおこなわれている。以下はブラガの例である。ブラガは州都クチンから約七五五キロメートル離れた内陸丘陵地に位置する奥地の町である。都市部から離れているものの、素朴で「オーセンティック」な先住民族の文化や、奥地の自然を求めてやってくる観光客がいる。マレーシアを訪れる外国人観光客はＡＳＥＡＮ諸国からが多いのに対し、ブラガを訪れるのは長期休暇を利用した欧州からの観光客が多い。ブラガには五軒のホテルと二店の旅行代理店が存在する。英語を話せる地元の男性がガイドをすることが多く、こうした情報は旅行誌ロンリープラネットにも掲載されている。

ブラガを訪れる観光客は、ラジャン川下流の町シブから高速船に乗ってやってくるほか、沿岸都市ビントゥルから乗り合い四輪駆動車で訪れる。観光の内容としては、先住民のロングハウスの訪問、近くのマレー人村の散策、市場で先住民が販売する果物や菓子、工芸品を購入することなどである。観光客向けに、エコツアーやエスニックツアーの受付をする商店もある。こうしたツアーでは、ギアム・パサンの滝やクジャヴォの滝な

表１-４　サラワクにおけるロングハウスツーリズムの一例

村落名、地域名	民族集団	省
アナライス	ビダユー	クチン
バクララン	ルンバワン	ラワス
バリオ	クラビット	マルディ
バタンアイ	イバン	スリアマン
バワンアッサン	イバン	シブ
バクンダム	カヤン	ビントゥル
クダヤンカンポン	クダヤン	ミリ
ラミンダナ	ムラナウ	ムカー
カピット周辺	イバン	カピット
ロンブディアン	カヤン	マルディ
ロンサン	クニャ	ミリ
ロンララン	クラビット	マルディ
アサップ	カヤン	ビントゥル

（出所）サラワク観光局
（https://sarawaktourism.com/attractions_type/culture-heritage/,　2020年1月10日閲覧）

どへのボートクルーズとトレッキング、滝でのバーベキュー、バクンダム見学、周辺のカヤンやクニャ、シカパン、シハンなどのロングハウス見学やロングハウスでのホームステイが行われている。ロングハウスに宿泊した場合、周辺の森林や焼畑の散策、伝統食文化や民族衣装の体験なども行われる。こうした際に観光客は、村や市場で売られている工芸品をみやげものとして購入することもある。工芸品はブラガの住民や、より奥地に暮らすプナンが制作しているものだ。

4 観光における伝統工芸品の利用

サラワク各地では、先住民の民族的モチーフを利用したさまざまな手工芸品が販売されている。イバンの伝統織物プア・クンブをモチーフにしたもの、ムラナウの赤と黒のラタン工芸品、曲がりくねったオランウルの模様をモチーフにしたものなどである。こうした工芸品は、マレーシア国内外の観光客にとって主要なみやげものとして人気が高く、また奥地に住む先住民にとって、手工芸品制作は観光業への主要な参入方法の一つになっている。ここでは、ブラガにおける観光工芸品の制作と利用について述べ、民族的モチーフの生成と受容について検討したい。

伝統工芸品の種類と制作

ブラガの中心にあるブラガ市場には、四二店の商店があり、そのうち手工芸品を販売しているのは六店である。[17] 商店を経営しているのは華人やマレーで、上流域に暮らすプナンなどが売りに来た時に、手工芸品を買い取って商店で売っている。そのほか、商店の軒先や、公設市場で手工芸品を販売するシハンなどの先住民もいる。時には、隣国であるインドネシアからクニャの行商人がやってきて、民族的モチーフの入った手工芸品を売ることもある。

こうした場所で売られている手工芸品には以下のようなものがある。ラタンで編まれた籠や敷物、帽子（口絵3）、ビーズの民族衣装や首飾り、腕輪、帽子、肩掛け、帯（口絵2）、赤子を入れる背負子、楯などの木工芸品、日笠や山刀などである。これらの手工芸品には民族的モチーフであるウドッ（udok）が入れられていることが多い。ウドッは模様や描画を意味する言葉で、カヤンや、プナン、シハン、シカパン、クジャマンなどの先住民がこう呼ぶ。特に曲がりくねった模様をカヤンはクラウィット（kerawit）と呼び、ビーズ工芸品やラタン工芸品など、様々なものに用いている（図1-6）。

元々このような模様や、人型の模様には霊的な守護の力が宿ると考えられており、カヤンやクニャなど階層制社会の貴族層のみが使用していたものである［Sellato 2017］。こうした意匠は歴史的には刺青や家屋装飾、船の装飾など様々なものに用いられた。イギリス植民地時代に、身分制度が禁止されて以来、様々な社会階層の、様々な民族集団の人々が、霊的なリスクを恐れることなく人型模様を使った魅力的な工芸品を制作している［Sellato 2017］。以下では、主な観光工芸品であるラタン工芸品とビーズ工芸品の制作・販売・利用について述べたい。

図1-6　曲がりくねった民族的意匠クラウィット

（出所）筆者撮影

ラタン工芸品

ブラガ市場で売られているラタン工芸品には、籠、敷物、帽子などがある。これらを制作しているのは、定住した狩猟採集民であるプナンやシハンなどである。彼らは、日常生活で利用するラタン工芸品を、観光向けにアレンジし、販売している。プナンやシハンは従来から熱帯雨林の森林資源に依拠した暮らしを行ってきたため、ラタンの採集や工芸品の制作に長けており、日常生活に必要な様々な種類の籠や敷物をラタンで作ることができる［加藤 二〇一一、Kato 2014］。

シハンは日常生活や農耕で使うラタンの籠や敷物などを作ることが多く、プナンは模様の入った贈り物用や観光みやげ用のラタン工芸品を作ることが多い。模様が入っている方が観光みやげものとしてよく購入されるが、より「素朴」で「本物らしい」ものを求めて、実用的なラタン工芸品を購入する観光客もいる。以下ではシハンにおけるラタン工芸品の制作過程を述べたい。

ラタンは熱帯に特有のヤシ科の植物である。シハンで一般的に使用されるラタンは、ウェイ・ラプトオット（*Calamus pogonacanthus*）、太めのラタンであるウェイ・ラプ（*Daemonorops sabut*）、固くて艶のあるウェイ・プルット（*Calamus laevigatus*）などである。ラタンは、集落周辺の一キロ〜五キロメートルにある古い焼畑二次林から採集することが多い（図1－7）。一年中採集できるが、焼畑の下草刈りの際に採集する

図1−7　ラタンを採集するシハンの女性

（出所）筆者撮影

ことが多い。これらを採集するのは男女で行うが、工芸品を作るのは女性である。

ラタンを採集するのは半日ほど要する。採集したラタンは、まず水洗いをして表面の汚れを落とす。その後節を削り、髄を取り除く。こうしてラタンの表皮が整うと模様を入れるために、一部を染色する。以前は樹木の葉と土壌に浸して染色をしていたが［Sellato 2012］、近年はペンキなどの塗料を使っている。編む時間は、個人によって様々である。他に何も作業がない女性は、一日で籠を一つ編む（図1-8）。しかし、家事や育児、他の農作業の合間に編むと数日かかり、敷物の場合はより時間がかかる。

編み方や模様の入れ方には複数の種類があり、編み手の好みで制作している。模様は、植物や昆虫、動物をもとにしたものが多く、「ヤシの蕾」、「ドリアンの棘」、「タケノコ」、「鳩の目」、「毛虫」、「蝙蝠の翼」など典型的なモチーフがある。それぞれのモチーフは民族集団によって異なる名称がつけられている［Sellato 2012］。編み手は、村内の女性から編み方を習うほか、他村からもたらされた工芸品を参考にし、模倣して取り入れることもある。

リナウ川のプナンの村[18]では、これまで使われていた籠を変形させた、バッグを創作したり、従来使われていた帽子を変形させたヘアバンドを創作したりと、新たな製品や意匠の創作が盛んである（口絵4、図1-9）。そうした工芸品のなかには、伝統的には使われていなかった、ハートや星形、十字架などの新たな模様を加える工芸品も多い。つまり、観光客が現地社会に求めるイメージによって工芸品を作るというよりは、

図1-8　ラタンの籠を編むシハンの女性

（出所）筆者撮影

現地社会の制作者のアイディアによって模様が創作されている。リナウ川のプナンの村で制作されたラタン工芸品は、ブラガのマレー人仲買人によって買い取られ、ブラガやビントゥル市で販売し、観光客のみならず地元民にも購入されている。

ビーズ工芸品

ブラガにおいてラタン工芸品の制作は、もともと狩猟採集民であったプナンやシハンなどの女性が盛んに行っているが、ビーズ工芸品を作るのはカヤンやクニャなどの女性が多い。ビーズはこの地域では二種類ある。大きいビーズであるトンボ玉と、小さいビーズであるグラスビーズである（図1-10）。シハンはどちらもリヘイ（lihei）と呼び、プナンはブコッ（bukok）と呼ぶ。

トンボ玉は、古くから交易により中国や中東、遠くはイタリアのベネツィアからボルネオ島にもたらされた［Hose and McDougall 1966］。トンボ玉は、かつてカヤンなどの首長の妻によって所有される重要な財産の一つで、一九世紀には通貨の一形態であった。一九世紀後半には、トンボ玉一つが健康な奴隷一人と交換されたと記録があるほど高価であった［Hose and McDougall 1966］。グラスビーズも一九世紀末にはすでに今日見られるような模様が加えられ、手工芸品として制作されている［Hose and McDougall 1966］。

今日では、かつてのような高価なトンボ玉を手に入れることは出来ず、プラスチック製などの安価なものが都市部やインドネシアからもたらされている。こうしたビーズを用いて、首飾りや腕輪、帽子、肩掛け、帯、民族衣装など

図1-9　新しいデザインのバッグ（左）と伝統的な籠（右）

（出所）筆者撮影

を作る。その際に用いられるのがカロン・クラウィットと呼ばれる、曲がりくねった模様である。

ビーズ工芸品に用いられる模様は、ラタン工芸品同様、いくつかの基本的なモチーフが存在する。例えば、植物のツルや犬、頭などで[19]、身の回りの植物や動物から取り入れられることが多い。こうした模様は、村内でビーズ工芸品を作る女性どうしで型を共有し、他の村や他地域からもたらされるビーズ製品を手に取って模倣することもある。作り手が好む意匠を取り入れ、作り手が自文化としてふさわしいと感じる意匠を新しく創作しているといえる。

最近では、インドネシアからの行商人によってビーズ製品がもたらされることもあるため、インドネシアで用いられている模様をサラワクの先住民が取り入れることもある。逆にインドネシアから来た行商人がサラワクで創作されている模様を見て持ち帰ることもあるという。こうした民族的意匠はマレーシア、インドネシアという国境を越えてボルネオ島全土で広範囲に流通している。これまで伝統的な装飾具にはなかったハンドバッグやショルダーバッグなど、新しい意匠を加えたビーズ工芸品が盛んに創作されており、作ったビーズ工芸品は観光客に売るのみならず、地元住民が家に飾り、親族への贈答品に利用することもある。

図1-10　トンボ玉（左）とグラスビーズ（右）

（出所）筆者撮影

伝統工芸品の利用とモチーフの応用

工芸品の販売と利用

ブラガ市場でラタンやビーズの手工芸品を購入する人々の多くは、外国人観光客ではなく、地元の住民である。なぜこれらの人々が手工芸品を購入するかというと、各村や町で行われる文化・スポーツ行事、式典、教会行事、クリスマス、収穫祭の踊りの出しものの衣装や装飾具として使用するからだ。また、地元住民が遠方の親戚に渡すみやげものや、贈答品として手工芸品を購入することもよくある。さらに、婚姻儀礼の際に、夫側から妻側に贈与する婚資のために購入することもある（図1-11）。

サラワク第二の都市ミリで調査をした市川は、近年キリスト教式の結婚式を挙げることも多いが、同時に伝統的な婚姻儀礼も行われ、婚資の贈与が行われることを報告している。その際には、地域の差がみられるものの、夫側から妻側へは、ゴング、山刀、真鍮製品、ビーズが施された民族衣装などを婚資として支払うと述べている［市川 二〇一四a、二〇一四b］。同様の例はブラガの先住民であるカヤンやクニャ、クジャマンやシカパンなどでもみられる。ビーズで施された民族衣装が着用されるのは二〇世紀以降であるが、夫側が妻側に支払う伝統的な意匠が施された山刀、ビーズが施された民族衣装、頭に飾る装飾品、腰布、肩掛け、帯などは、ブラガにある商店や、ビントゥルの市場で購入している。

図1-11　婚資として用いられる伝統工芸品

（出所）筆者撮影

もともと狩猟採集民であったシハンやプナンはこのような婚姻儀礼をおこなっていなかった。しかし近年ではカヤンヤクニャの婚姻儀礼を模倣して、婚姻の際にビーズで装飾された民族衣装を着用することが多くなった。その際に参加者は、ラタンで作られた帽子をかぶり、トンボ玉のネックレスを身にまとい、新郎から新婦への贈与品として前述のような伝統工芸品を送るのである。つまり、特定の階層や民族集団に付随していた意匠や模様は、現在オランウル共有の文化として多くの民族集団に受け入れられている。

民族モチーフの現代的利用

近年、各村や町での行事の際に、民族衣装のコンテストや伝統的な舞踊ンガジャットなどを披露する機会が頻繁にある。さらにブラガでは、ブラガ・レインフォレスト・チャレンジという町を挙げた祭典[20]があり、このような行事では各村が踊りのグループを作り、伝統的な民族舞踊を披露する。こうした行事は、コンテスト形式で競い合うことが多く、上位の村は表彰され、賞金や賞品を得ることができる。民族衣装コンテストや民族舞踊コンテストでは、ビーズなどの装飾具がより多いほど、コンテストで高評価が得られると考えられている（図1-12）。その際に着用するビーズ製の民族衣装や装飾具も、ブラガの商店やビントゥルの市場から購入してくるのである。こうしたイベントは、

図1-12　文化行事における民族衣装の着用

（出所）筆者撮影

フェイスブックやインスタグラムなどのSNSを通して流布され、民族衣装を着ることに憧れを持つ若者も多い。

さらに、ビーズ製品に用いられていた民族的意匠クラウィットは、既製の布地にプリントされ、現代的なデザインの服となり、より多くの若者に着用されている。ブラガの若者は、沿岸都市であるビントゥルに出稼ぎに行くことが多い。都市部では、会社が主催するパーティーや教会が主催する文化行事に参加する機会もある。その際に着用されるのが、伝統的な模様を既製の布地にプリントしたワンピースやドレスなどである（図1-13）。従来限られた階層や民族集団の意匠が、階層や集団を越えて、オランウルのものとして広く受け入れられ好んで着用されるだけではなく、オランウルにゆかりのない都市部の人々にもサラワクの意匠として広く受け入れられている。

この状況は、同じ伝統工芸品であるイバンの織物プア・クンブにもみられる。オランウルの意匠であるクラウィットと同じように、イバンのプア・クンブもイバンに固有の意匠であると考えられている。しかし、最近プア・クンブは流行のワンピースやドレスにデザインされ、イバンにゆかりのない人々にも着用され、サラワクの文化として広く受け入れられている。このように、伝統工芸品に用いられていた意匠やモチーフは現代的な服やバッグなどに形を変え、より多くの人々に用いられている。

おわりに　――民族的モチーフの生成と受容

本章では、マレーシア、サラワクを事例に生物多様性と文化多様性にもとづく観光のあり方について述べてきた。観光人類学の先行研究における問いは、観光客の来訪がもたらす現地社会の文化変容であり、主に以下の三点が指摘されてきた。①外部の上位社会文化システムが、より脆弱な文化に侵入することによってもたらされる。②変化は土着の伝統に破壊的に作用する。③変化は、先進技術の産業システム、消費者志向経済、ジェット機時代の生活スタイルを後ろ盾として、民族や地域のアイデンティティを覆い尽くしながら一つの均質な文化に導く［McKean 一九八九］。観光開発に対する人類学的な反応は圧倒的にネガティヴであり、民族文化や都市化に関する研究において展開されてきた、近代化に対する人類学的批判と大筋において軌を一にしている［Greenwood 1989］。

これに対して、サラワクで見られる事例はどうであろうか。マレーシアに来る観光客の多くが文化的に近いＡＳＥＡＮ諸国からであり、特にサラワクへ来る観光客の多くはマレーシア国民である。こうした状況を鑑みると、ゲストとホストの社会文化システムの違いは比較的少ないといえる。そのため、観光が土着の文化に破壊的に作用しているともいいがたい。サラワクの事例では、観光を通して民族や地域のアイデンティティとなる工芸品が再生産されているといえよう。セラトーは、ある民族に特有の伝統工芸品は、宗教や生活習慣が変わっても、民族アイデンティティを表すアイコンとなっていると指摘する。例えば、ボルネオの先住民であるビダユーの帽子と籠、あるいはルンバワンの帽子と籠は、在来信仰からキリスト教に変わり、稲作儀礼が行われなくなった現在でも、県庁で行われる祭りや国民行事などの際に着用され、コミュニティにおける民族文化アイデンティティの中心的要素になっているという［Sellato 2017］。

こうした工芸品の再生産に加え、本章で指摘したのは各民族集団に固有と思われていた意匠や工芸品が、観光によって民族集団を越えてサラワクらしいものとして受容されている状況である。観光工芸品をはじめとするみやげもの研究の多くは、それらを購入する観光客の視点から、みやげものの機能や意味について研究がなされてきた。それに対して、本章では工芸品を作る制作者の創造性や、自文化についてのイメージが工芸品に反映されていることを指摘した。工芸品には、地元住民が好む意匠がたくさん用いられている。観光客に売るのと同時に、地元住民が地元住民向けの民族衣装コンテストや伝統舞踊コンテストや式典でも使えるもの、つまり自文化として相応しいと感じる製品が制作されているのだ。

また、手工芸品が利用される場は、観光業とともに各村や町で行われる文化行事である。このような現代的な状況における手工芸品の利用によって、ある民族集団に固有だった意匠は、より広いオランウルの文化として受け入れられ、もともと意匠に固有の階層や民族集団になかった人々にも自文化として受容されている。

このような状況は、従来の観光人類学研究の多くが指摘した、ホストとゲストの相互関係により、外部者が期待するイメージに自己の文化を合わせるという論理では理解することができない。従来限られた民族集団が利用していたモチーフが、観光という現象をきっかけに、より広範な人々に受容され、自文化として利用されていく過程といえる。つまり、工芸品を作る人々の創作によって、自文化としてふさわしいと感じるものが制作され、それが公的な式典などで民族衣装として着用され、広く人々に受け入れられていく過程であるといえよう。

図1-13　既成の布地に描かれる意匠

（出所）筆者撮影

謝辞

本章が依拠するデータの収集にあたり、科学研究費補助金若手研究「マレーシアにおける定住した狩猟採集民が現代的社会問題を克服するための実証的研究」（課題番号：一九K二〇五四八）および、福井県立大学戦略的課題研究推進支援「観光誘客（インバウンド）」、および教員研究費を使用した。また現地調査の際にブラガで工芸品の制作・販売にかかわる人々の協力を得た。ここに感謝いたします。

注

（1）マレーシアでは、一般に手工芸品をマレー語でクラフタンガン（kraftangan）と呼ぶ。

（2）「マレーシア政府統計局」（https://www.dosm.gov.my/v1/index.php?r=column/cthemeByCat&cat=155&bul_id=aWJZRkJ4UEdKcUZpT2tVT090Snpydz09&menu_id=L0pheU43NWJwRWVSZklWdzQ4TlhUUT09, 二〇二〇年一月二〇日閲覧）による。

（3）「マレーシア政府統計局」（https://www.dosm.gov.my/v1/index.php?r=column/cone&menu_id=clJnWTlTbWFHdmUwbmtSTE1EQStFZz09, 二〇二〇年一月二〇日閲覧）による。

（4）ラタンの採集と交易は、ブラガのみならずサラワク全体で盛んであった［Takeuchi et.al 2020］。

（5）「マレーシア政府観光局」（https://www.tourism.gov.my/statistics, 二〇二〇年一月二〇日閲覧閲覧）による。ちなみに、日本政府観光局によると、二〇一九年の訪日客数は三一八八万人となっている（「日本政府観光局」https://www.jnto.go.jp/jpn/statistics/data_info_listing/pdf/200117_monthly.pdf, 二〇二〇年一月二〇日閲覧）。

（6）ちなみに日本は世界四位である［World Economic Forum 2019］。

（7）「マレーシア政府観光局」（http://mytourismdata.tourism.gov.my/?page_id=232#!from=2018&to=2019, 二〇二〇年一月二〇日閲覧）

による。

（8）「マレーシア政府観光局」（http://mytourismdata.tourism.gov.my/, 二〇二〇年一月二〇日閲覧）による。

（9）「Borneo Post」二〇一九年一一月一一日版（https://www.theborneopost.com/2019/11/11/sarawak-visitor-arrivals-rise-to-3-76-mil-in-first-10-months-of-2019/, 二〇一九年一一月三〇日閲覧）による。

（10）CANツーリズムは、Culture（文化）、Adventure（冒険）、Nature（自然）を対象にした観光を指す。

（11）サバ州のキナバル国立公園と同時登録された。

（12）「サラワク観光局」（https://mtac.sarawak.gov.my/upload/file_folder/VIsitors%20Arrival/Visitor%20Arrivals%20into%20Swak%202019%20(Dec).pdf, 二〇二〇年二月五日閲覧）による。

（13）「サラワク観光局」（https://sarawaktourism.com/attraction/, 二〇二〇年一月五日閲覧）による。

（14）「マレーシア政府観光局」（https://www.tourism.gov.my/media/view/visit-sarawak-year-2019, 二〇一九年一一月三〇日閲覧）による。

（15）「サラワク森林局」（https://forestry.sarawak.gov.my/page-0-0-1215-Visitor-Statistics-to-NPs-NRs-and-WCs-2018.html, 二〇一九年一二月一〇日閲覧）による。

（16）「サラワク観光局」（https://sarawaktourism.com/attraction/attractions_type/culture-heritage/, 二〇一九年一二月一〇日閲覧）による。

（17）二〇一九年九月、ブラガ市場には六四の商店区画がある。うち営業しているのは四二店で、二二店は閉まっている。

（18）特にリナウ川のルソン・ラク村のプナンにおいて盛んに制作している。仲買人であるブラガのマレーがフェイスブックを使ってオンラインで受注をすることもある。

（19）犬の模様をカロン・アス、頭の模様をカロン・ウルという。

（20）ブラガ・レインフォレスト・チャレンジ（Belaga Rainforet Challenge）は、運動会兼文化祭の行事である。レガッタ、ボートレース、マラソン、綱引き、木登りなどの運動会のほかに、民族衣装コンテスト、伝統楽器の演奏、伝統舞踊コンテスト、伝統家屋コンテストなどの文化行事も行われる。これは各村で一つのチームとなり競い合う。

参考文献

〈邦文献〉

市川　哲［二〇一四a］「マレーシア、サラワク州における手工芸品研究のための覚書―観光と民族関係の接合―」『立教大学観光学部紀要』一六。

――［二〇一四b］「マレーシア、サラワク州の観光と工芸品」『交流文化』一五。

――［二〇一七］「芸術活動、教育、観光業―マレーシア、サラワク州のある手工芸品制作者のライフヒストリー―」『人間文化研究』二八。

イブラヒム・ヤハヤ［二〇一〇］「マレーシアの農村観光と島嶼観光―観光への住民の参加と観光のもたらす影響について―」『立命館大学人文科学研究所紀要』九五（藤巻正己・井澤友美 訳）。

奥野克巳［二〇〇二］「森林伐採からエコツーリズムへ―マレーシア・サラワク州の森へのまなざし―」『アジア・アフリカ言語文化研究所通信』一〇一。

加藤裕美［二〇一二］「マレーシア・サラワクにおける狩猟採集民社会の変化と持続―シハン人の事例研究―」京都大学大学院アジア・アフリカ地域研究研究科提出博士論文。

佐久間香子［二〇〇八］「ボルネオ中央部における森と人の社会空間―自然資源をめぐるブラワンとプナンの関係誌―」北海道大学大学院文学研究科提出修士論文。

自治体国際化協会　シンガポール事務所［二〇一三］「マレーシアの観光政策」『Clair Report』No.二八九。

高岡文章［二〇一八］「真正性」大橋昭一・橋本和也・遠藤英樹・神田孝治編『観光学ガイドブック―新しい知的領野への旅立ち―』ナカニシヤ出版。

橋本和也［二〇一八］「みやげもの」大橋昭一・橋本和也・遠藤英樹・神田孝治編『観光学ガイドブック―新しい知的領野への旅立ち―』ナカニシヤ出版。

――［一九九九］『観光人類学の戦略―文化の売り方・売られ方―』世界思想社。

古村学［二〇一五］『離島エコツーリズムの社会学―壱岐・西表・小笠原・南大東の日常生活から―』吉田書店。

吉岡玲・増田美砂［二〇一二］「民族観光の発展と人々の反応―サラワクのビダユー集落を事例として―」『筑大演報』二七。

〈欧文献〉

Cohen, E. [1988] "Authenticity and Commoditization in Tourism," *Annals of Tourism Research*, 15.

Department of Statistics Malaysia Sarawak [2016] *Yearbook of statistics Sarawak 2015*.

Gordon, B. [1986] "The Souvenir: Messenger of the Extraordinary," *Journal of Popular Culture*, 20 (3).

Greenwood, J. D. [1989] "Culture by the Pound: An Anthropological Perspective on Tourism as Cultural on Commoditization," in V. L. Smith ed., *Hosts and Guests: Anthropology of tourism* (second edition), Philadelphia: University of Pennsylvania Press（田中孝枝訳「切り売りされる文化―文化の商品化としての観光に関する人類学的展望―」、市野澤潤平・東賢太郎・橋本和也監訳『ホスト・アンド・ゲスト―観光人類学とはなにか―』ミネルヴァ書房、二〇一八年）.

Graburn. H. H. N. [1989] "Tourism the Second Journey," in V. L. Smith ed., *Hosts and Guests: Anthropology of tourism* (second edition), Philadelphia: University of Pennsylvania Press（土井清美訳「観光―聖なる旅―」、市野澤潤平・東賢太郎・橋本和也監訳『ホスト・アンド・ゲスト―観光人類学とはなにか―』ミネルヴァ書房、二〇一八年）.

Hose, C. and McDougall, W. [1966] *The Pagan Tribes of Borneo* (volume1), London: Frank Cass & Co. Ltd.

Kato, Y. [2014] "Changes in Resource Use and Subsistence Activities under the Plantation Expansion in Sarawak, Malaysia," in S. Sakai and C. Umetsu eds., *Social-Ecological System in Transition*, Tokyo: Springer.

King, V. T. [2017] "Identities in Borneo: Constructions and Transformations," in V. T. King, Z. Ibrahim and N. H. Hassan eds., *Borneo Studies in History, Society and Culture*, Singapore: Springer.

MacCannell, D. [1976] *The Tourist: A New Theory of Leisure Class*, Berkeley: University of California Press（安村克己ほか訳『ザ・ツーリスト―高度近代社会の構造分析―』学文社、二〇一二年）.

Sellato, B. ed. [2012] *Plaited Arts from the Borneo Rainforest, Honolulu:* University of Hawaii Press.

Sellato, B. [2017] "Material Culture Studies and Ethnocultural Identity," in V. T. King, Z. Ibrahim and N. H. Hassan eds., *Borneo Studies in History, Society and Culture*, Singapore: Springer.

McKean, F. P. [1989] "Towards a Theoretical Analysis of Tourism: Economic Dualism and Cultural Involution in Bali," in Valene L. S., ed., *Hosts and Guests: Anthropology of tourism* (second edition), Philadelphia: University of Pennsylvania Press（吉田竹也訳「観光

の理論的分析に向けて―バリにおける経済二元論と文化のインボリューション論―」，市野澤潤平・東賢太郎・橋本和也監訳『ホスト・アンド・ゲスト―観光人類学とはなにか―』ミネルヴァ書房，二〇一八年）．

Malaysia Tourism Promotion Board [2019] *Malaysia Tourism Key Performance Indicators 2018*. Malaysia Tourism Promotion Board.

Nunes, T. and Lett, J. [1989] "Touristic Studies in Anthropological Perspective," in V. L. Smith ed., *Hosts and Guests: Anthropology of tourism* (second edition), Philadelphia: University of Pennsylvania Press（市野澤潤平訳「人類学的視座からの観光研究」，市野澤潤平・東賢太郎・橋本和也監訳『ホスト・アンド・ゲスト―観光人類学とはなにか―』ミネルヴァ書房，二〇一八年）．

Santon, E. M. [1989] "The Polynesian Cultural Center: A Multi-Ethnic Model of Seven Pacific Cultures," in V. L. Smith ed., *Hosts and Guests: Anthropology of tourism* (second edition), Philadelphia: University of Pennsylvania Press（川崎和也訳「ポリネシアン・カルチュラル・センター―太平洋の7つの文化で構成される多民族モデル―」，市野澤潤平・東賢太郎・橋本和也監訳『ホスト・アンド・ゲスト―観光人類学とはなにか―』ミネルヴァ書房，二〇一八年）．

Takeuchi, Y., Kobayashi, A., Diway, B. [2020] "Transitions in the Utilisation and Trade of Rattan in Sarawak: Past to Present, Local to Global," in N. Ishikawa and R. Soda eds., *Anthropogenic Tropical Forests: Human–Nature Interfaces on the Plantation Frontier*, Singapore: Springer.

Urry, J. [1990] *The Tourist Gaze: Leisure and Travel in Contemporary Societies*, London: Sage（加太宏邦訳『観光のまなざし―現代社会におけるレジャーと旅行―』法政大学出版局，一九九五年）．

World Economic Forum [2019] *The Travel & Tourism Competitiveness Report 2019*, World Economic Forum.

第２章　先住民ツーリズムと工芸

山﨑茂雄
ロレイン・サッカ

はじめに――問題の所在

本章の目的は、ニュージーランドを中心に先住民ツーリズムとはいかなる内実を持つのかを明らかにするとともに、先住民ツーリズムのあるべき姿を展望する点にある。

現代のグローバリゼーションの進展は、さまざまな矛盾・葛藤を生み出している。ひとつは、排外主義であり、偏狭な民族主義の台頭である。少数民族が疎外されずに民族共生空間をいかに生み出していくかは、今日大きなイシューである。

もうひとつは、グローバリズムに伴い行き過ぎた市場主義・開発が環境や地域固有の文化、生存基盤の破壊をもたらしている点である。環境、文化の持続性を基調とする論点がツーリズムの議論の中にも展開し、ツーリズムと〈開発〉をめぐるパラダイムの転換が求められている。

アドベンチャーツーリズムも転換を指向するひとつである。アドベンチャーツーリズムとは一九八〇年代のニュージーランドにおいて発展し、オセアニアはもとより欧州、南米、北米に広がりを持ち、その国際組織、*Adventure Travel Trade Association*が組織化されるなど世界的な注目が集まっている。

そもそもアドベンチャーツーリズムとはアクティビティ、自然、異文化体験の三要素のうち、二つ以上で構成される旅行をいう(1)。アドベンチャーツーリズムは、観光者の長期滞在を視野に入れつつも、地域が有する自然・異文化に基礎を置くプログラムが用意される。エコツーリズムやアグリツーリズム、カルチュラルツーリズムなどとアドベンチャーツーリズムは近接性があるが、アドベンチャーツーリズムがマオリ、アボリジニ、サーミ、アイヌなど先住民を中心とする異文化の理解を中心に定め、かつ芸術実践を含むアクティビティをその中核に置く点に特徴を持つ。たとえば、①オーストラリアなどでは消えゆくアボリジニ芸術を観光者が学び、共に創作する、というものがあり、②北欧など北極圏の生活は環境に大きく左右されるが、スコルト・サーミ人は気候変動に直面しながらレジリエンスを保つ方法を模索し、訪問者はスコルト人と生活を共に思索を深めるというパターンもある。

近時、日本においてもアドベンチャーツーリズムが注目され、その振興施策は北海道で取り入れられつつある(2)。しかし一方で、先住民文化をツーリズムの対象にするべきではないという議論がある。先住民文化を野放しに商業利用するべきでないというのがその根拠である。もっとも、この議論は、アンビバレントなものである。そもそも先住民文化が観光利用、開発になじまないという主張もある一方で、先住民みずから観光として自分たちの文化を紹介したいという考えも成り立つからである(3)。

そこで、本章は、アドベンチャーツーリズムのなかでも特に先住民ツーリズムに焦点を向ける。筆者らが二〇一九年三月にロトルアなどで現地調査を行ったが、ニュージーランドモデルの内実を基礎にしてウィリアム・モリスの思想を手がかりに考察する。とくに、マオリ、その文化環境保全的な潜在力に着目する。そのなかで、先住民固有の手しごとの文化というものを国家や市場に過度に依存しない自立的生活基盤という視点から捉え直し、ニュージーランドと日本との比較のなかから検討する。もって、先住民および自然・文化・社会環境との共存を前提とするツーリズムとは何かを考察することにしたい。

1 ニュージーランドにおける先住民文化の足跡

世界的にみて、ニュージーランドの先住民ツーリズムは、第二次大戦後大きな足跡を残してきた。文化多様性による観光を指向し、地球上の大自然や地域文化に観光的価値を見出だす外国人旅行者は多い。欧米とくにドイツからの旅行者にその傾向が顕著である［Albrecht（富川久美子訳）二〇一八］。そうした需要をニュージーランドは充足してきたともいわれる。一方で、先住民ツーリズムの推進のためには、新住民や各地域のコミュニティとの相互連携や理解が深められなければならない。

豊かな先住民文化を擁するニュージーランドにおいて、先住民文化の蓄積はいかなる展開をみせてきたか。先住民文化の中心は、北島に位置するロトルアである。ロトルアは環太平洋火山帯にあり、過去から現在まで地熱活動と地熱エネルギーの活用と共に歩んできた。テ・プイアのポプツ間欠泉、レディ・ノックス間欠泉は、地熱活動を象徴する観光資源である。こうして、地熱エネルギーという天然資源を持つロトルアは〈南太平洋の天然温泉地〉として知られるようになった。

およそ六〇〇年前にマオリのサブグループのひとつ、テ・アラワの人々が豊かな自然と天然資源を持つこの地に移住してきた。マオリ文化が観光資源であるのは、この地を訪れた人々がマオリの村で昔ながらの生活様式や伝統に身近に触れることができる点に表れている。そして、滞在者はラエ(4)でマオリの人々のもてなし(5)を受け、伝統的な方法で調理された料理―ハンギ料理を堪能し、歌や舞踊のショーを観覧できる点にも表れている。

それとともに、先住民文化が観光資源として衆目を集めているのは、熟練職人から観光者が彫刻や織物を学ぶことができる点にある。

その中核をなすのは、テ・プイア・ニュージーランド・マオリ美術工芸学校[6]である。この学校は、政府がマオリの伝統工芸文化と技術を守るために設立したものである。高校卒業のマオリ人にのみ入学する権利がある。ここでは、マオリの伝統工芸が次の世代に継承されている[7]。制作風景の見学、芸術家から彫刻や織物に関する歴史や工法について観光者は多くを学ぶことができる。そして、マオリの伝統的な芸術と工芸が披露されるが、これによりマオリの精神と価値観が守られ、マオリの文化が共有される（図2-1〜5）。

具体的な例を示そう[8]。彫刻師James Rickardとポウナム彫刻師Wi-Kuki Hewettは現場で独特な作品を作ることで知られる。作家らは作品を通じて先住民のアイデンティティと繋がりを作り、広い社会での位置を確かめる。

彫刻を例にあげよう。ある彫刻はマオリの神[9]の元々の子供を象徴している。彫刻には、それぞれの役割があって、人間と異なる側面、性格、感情を持っているということが表現されている。また、風、森林（プランテーション）の食物（地上と地下の）等が表現される作品も多い。これらのパターンはハワイキという元の土地から祖先によって伝承され、異なる環境であるニュージーランドで新たなノウハウを得て創造されている。この点は、マオリの特徴で、他のポリネシア系の祖先とは明白な違いである。

マオリのアイデンティティが作品に投影されることも重要である。マオリの歴史（家系）において、自分たちが誰であるか、どこから来たのか、あるいはどこへ向かおうとしているのか、これらを理解することは先住民の人々にとってきわめて重要であるとされ、現在制作される多くの作品が将来世代（自分の子孫等）の財産になるという。

図2-1　テ・プイア・ニュージーランド・マオリ美術工芸学校

（出所）筆者撮影

図2-2　テ・プイア・ニュージーランド・マオリ美術工芸学校

（出所）筆者撮影

図2-3　彫刻師によるマンツーマン指導

（出所）筆者撮影

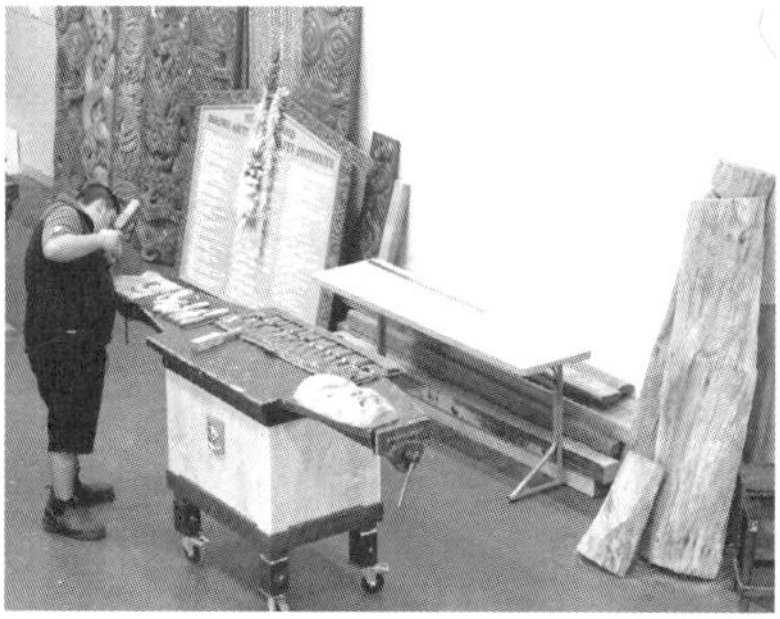
図2-4　彫刻作品をてがける生徒

（出所）筆者撮影

図2-5　テ・プイア・ニュージーランド・マオリ美術工芸学校内の展示

（出所）筆者撮影

2 悲しみの歴史 ―弾圧の歴史と白人文化との対立

マオリの工芸を取り上げるとき、戦争を抜きにそれを語ることはできない。そこで、マオリの戦争の歴史について次に触れておくことにしよう。

一八五〇年代植民地支配をしていた白人は、パケハ(pakeha)と称される。彼らによってマオリの土地は収奪され、マオリは移動を余儀なくされた[10]。これにより、彫刻の伝統は途絶えた。その当時、マオリには定住して伝統工芸を続ける余裕がなく、絶えず移動し続けた。白人と先住民たちとの土地をめぐる戦争の過程で、数千人のマオリはパケハに殺された。土地をめぐる戦争はワイカト地方だけではなく、ニュージーランドの他の地方にも及んだ。

この土地をめぐる争いは熾烈を極め、長期に及ぶことになる。この土地をめぐる戦いは、一八四五年から一八七二年までニュージーランド政府とマオリ、マオリと同盟した移住者の間に起こった戦いである。

イギリスから移住してきた白人たちは、先住民が占有していた地域の土地を必要とした。その結果マオリがイギリスに対して抗戦を広げ、イギリス人がマオリを土地から追いやった。このなかで少なくない伝統技術が失われた。結果、ワイカト地方の彫刻の伝統には広い世代的なギャップがある。

戦争の前はマオリの芸術が発展していた。しかし、戦争以降ワイカト地方のマオリは芸術を発展し続けることはできなかった。一九〇〇年代に入って事態が安定したが、土地戦争は人々の中でまだその傷が完治していない。

一方、植民地時代、宗主国のイギリスは伝統工芸、伝統慣習の繁栄を抑制する法律―トフンガ弾圧法―を制定していた。一九〇七年に成立したトフンガ弾圧法はニュージーランド議会によって、当時神職者であり伝統的な医療者でもあったトフンガを「現代」医学に置き換える法律であった。

伝統工芸、慣習を司る人物として、トフンガという神職者[11]が存在していた。トフンガはマオリ社会において大いなる存在感を示していた。マオリ文化にとって神々は重要である。神々が人々に知識を授け、マオリがニュージーランドに辿り着いたという伝説がある。とくに、神々はトフンガに伝統を守る知識を授けた。マオリはもともと文字を持たなかったが、トフンガがマオリの神話や知恵を口承する役割を担っていた。

トフンガは英語に翻訳すると、Priest（神父）やExpert（専門家）となる[12]。トフンガはマオリの人々にとってその知恵ともいうべき存在であった。編み物と彫刻は、その神聖な伝統の一部とされたから、トフンガから少なくない影響を受けた[13]。

政府のジェームス・カロールはトフンガ弾圧の法案を提出し、「マオリの遅れた態度に対して焦りを」表明した。政府はトフンガの行動について数年前から懸念していた。この法規はマオリの預言者、信仰医療者、土地権利活動家であった、当時のリーダー、ルア・ケナナを的にして制定されたと言われている。

いかなる国でも、政府が元々の住民[14]を支配しようとすると、衝突が起こることは必然である。土地から追いやられた人々は自らの伝統―工芸、信仰、集団が敬意を感じる信仰上のリーダー等―を保ち続けることができなくなる[15]。

トフンガ弾圧法のもう一つの結末は、マオリを公立学校から追放したことであった。当時のマオリは、マオリの言語や文化を継承する社会的制度を失うことになる。この社会システムの喪失は、芸術、文化、アイデンティティの喪失を意味する。

元の口語と芸術の関連性は強い。演説の技術は芸術の保護に影響を与え、住民が母語の使用を禁止されると、スキルの伝承が喪失する。こうしたマオリの苦難の歴史は、マオリ社会にいかにして受容され、その後の先住民ツーリズムの発展に活かされていくのかについて、次に検討していくことにしよう。

3 対立から受容へ　― 共生の文化としての再認識

現代はどのように状況が変化したのであろうか。マオリの子弟が通うのは一般に全寮制学校である。その全寮制学校は運動、教育、芸術等、マオリに関するすべてを教え導く。彫刻も絵画も、現代的な彫刻技術もしかりである。生徒は、教師から伝統技術を学び取る。その教育は地域社会や固有の文化と密接に関係している。

筆者らは、二〇一九年三月にテ・プイア・ニュージーランド・マオリ美術工芸学校[16]を訪ねた。この学校は後継者を育成するだけではない。この学校は観光に教育的機能を加える。たとえば、マオリの共同体がマオリの工芸文化を本当の意味で支え、創造的なものにしていく工夫が施されている。マオリの工芸アーティストたちは語り部となって、学校を訪れた観光客に語りかけ、土地の人や文化に対して敬意を払う仕組みが組み立てられている。

さらに進んで、現代における先住民ツーリズムの展開をみていくことにしよう。その工芸指導者、ユージン(Eugene)にわれわれはインタビューを試みた。ユージンは、この学校で自ら骨と石の彫刻に取り組んでいる一方、マオリの後継者らに伝統的な彫り物を教えている。

彼は、次のように説く。

「立体彫刻家、平面彫刻家、芸術家としての私にとって一番喜びを覚えるのは作品を作っている時である。私は作品に生命を与えていて、作品が私に生命を与えている。作品制作に幸せを感じて、そのことが私自身にとって栄養になる。いうなれば、作品は数年の経験を採集し、先生、家族、父母とその父母から習ったことによるものである。作品を作っている時、作品からそのエネルギーが流れてくる。私から作品に、そして作品からまた私に流れる。そのエネルギーこそが私に今取り組んでいることが正しいのか、あるいは間違っていたりしているのかを教えてくれる。それは、まさしく作品との楽しい会話である。人と話すだけで得られないものがある」と。

「立体彫刻家としての私にとって……芸術家と作品の間に共生的な関係がありそうだ。両者は切り離せないもので、絡み合っていて、創作の過程の中で過去と現在の声が聞こえたりする。何か目に見えない、スピリチュアルな側面が創作活動のなかにある。祖先を呼び起こし、創作が正しいかどうか聞いているような感覚に至る。多くの観光客がこの美術工芸学校に足を運び写真撮影を続けるが、われわれにとってそれはそれでありがたい。他にも自分の祖先を敬う創作について興味を感じる人がいたならば、これに過ぎる喜びはないと思うからである」と。

そして、ユージンによれば、伝統的な考え方では、完成するまでは作品に息を吹き込むことはないという[17]。

さらに、彼はこうも述べている。

芸術家と作品の間で共生的な「関係ができていると作品に息をかけるが、息を吹くのは完成まではしない。一部の彫刻家は作品が完成するまでは息を吹かない。完成する時に彫刻品に生命の息をかけるのである。スピリチュアルなものというだけではなくて、作品を通じて祖先を表現する。これも私たちの芸術の一部である。商業主義ではなく、またエゴのためではなくて、将来世代のために、祖先に関するものを創作することこそが目的である。そうして、私たちの子孫は私達まで残った知識が保つことができる」と。

さらに彼は続ける。

「マオリとして失いつつある知識や知恵はたくさんあるが、人々に物語として語り続けられるようにしていきたい。次の世代は伝統に何かを加えて、一定の制作方法を保護するに留まらない可能性がある。伝統についていえば、その保護は不可欠であるかもしれないが、何か新しいものを追加する、創造するということになれば、それも次世代の伝統になる。今、私たちが伝統と呼んでいるものは祖先たちの当時では現代だった。連続体であり、すべて進化するものであるから変わりゆく芸術でもある。保護できたものは祖先がこの地に定住した時に残したその最初の印で、発見された物にはその印が見つかっている」と。

4　先住民文化による白人文化融合のプロセス　──対立から共生へ

比喩的に言えば、歴史の姿が作家たちに見えるし、それを用いてより作品が発展できる余地を残している。いわば、伝統と現代がそれぞれ併存しているのが、ここの空間である。ひとつの例であるが、現代のある著名なマオリ彫刻家は、マオリの文化には存在しない〈騎馬ブーツを彫った作品〉を積極的に残している。これは、その後に白人（パケハ）がその土地に移民して異なる服装と馬の使用を導入したためである。すなわち、彼は非常に伝統的な手法で、現代的なもの（騎馬ブーツ）を取り入れていた。白人（パケハ）はロトルアなど先住民たちが多く住む地域に移住してきた。ここでパケハは婚姻して貿易を始めた。やがて、マオリは白人の影響を受けて新しい服装を着用し、馬を運送手段に使い始めた。白人移民の最初の移民とその子孫がマオリと共生・融合し、芸術作品にも、そのことが反映されている。彫刻のほかマオリの手しごとの工芸とされるものに編み物がある。同様な意匠を持つものとして、タモコ（顔と体の刺青）[18]もあるが、これも伝統工芸のひとつに位置づけられている。

そして、文化資源と呼べるものには、タオンガプオロ（伝統的な楽器）、フルートやトランペット（プタタラ等）がある。一部地域ではパフポウナムドラムは、マオリが住んでいる地域や資源になる。一部地域ではプカエア（トランペットの一種）がある。パフォーマンスは主にハカ、歌唱（ソロ、デュエットと合唱）、ギターもマオリでは使われる。ギターのような西洋の楽器は移住してきた白人が持ち込み、マオリの固有な音楽にあわせて演奏される。

マオリの「伝統的な」音楽といえば、それは主に歌と踊りである。村の男たちがハカと呼ばれる集団的パフォーマンスで観光客を迎えるだけではない。村の男たちは叫んだり、目を大きく見開いたり、舌を出したりする。また、男性たちが木製の武器[19]も取り出したりするが、こうしたさまざまな行動は「自らの力を誇示」するために他ならない。やがて、女性たちが登場し、歌い、控えめな踊りをしながらシダを献上して来客を接遇する。これらの一連の行為から、訪問客は正式にマオリの社会に招待され、訪問客の他の儀式への参加が認められるという意味を読み解くことができる。

マオリの芸術にとって、素材としての〈石〉は重要な存在である。緑石に代表される石材は、石造工具が用いられることで身体に着ける美しい装飾品に変貌していく。最初は工具を作るために石は研がれ、何か神聖な儀式のために用いられた後、その緑石は何か神聖な本質を持つようになり、やがて生命も持つものになると信じられている。

その工具がやがてすり減ったりして使用に耐えられなくなると、クリエイティブな目的で石は再利用される。たとえば、石は装飾用に彫られて、家族に伝承されていく。これは、現代の西欧社会にみられないような、独特なリサイクル工法ともいえるであろう。すなわち、石造工具から一種の宝石へと創造的に生み出されるのである。

初期のマオリの人々はこの地に移住後、石を探し[20]、それを材料にして家を建て、自己防衛に用いたりした。彼らがやがて定住した後に、飾り物を制作し、部族間の交易[21]に供したりしていた。

今では緑石は貴重なものになっていて、マオリは自由に掘り出せない。それは、特別な儀式とくに神聖な儀式にだけ使われている。とりわけ、市場に出回っている緑石は大量生産した複製品で、ニュージーランドのみやげとして観光客に販売される。

デザインも新しい材料の導入で変わった。当時伝統とされたデザインの一部は斬新なものとされた。マオリが移住した当初、彼らは工具を持たなかった。そのため、作れなかったデザインがあった。しかし、マオリとトーマス・クックなどの探検家・旅行者との貿易のプロセスからやがてマオリは工具を手にする。工具が手に入るとやがて新しい形やデザインが生み出された（図2-6）。

こうして、原始的な彫刻工具は白人移入者の到来によって金属の先端がある工具に進化して、マオリのデザインがより複雑になれた。電気工具、ドリル等が用いられ、工法が現代化し、それによってデザインがより洗練されたのである。彫り物でも編み物でも、初期のものは形が原始的で洗練されていなかったが、現代化で線が細かくなり、編み物のデザインのイメージがより曲線的になった。

青銅についても触れておく。冒険家、トーマス・クックが当時初めてニュージーランドに渡ってきたとき、パトゥ、棒の青銅の複製品を彼らが持ち込んでいたことがわかっている。白人の移住者は、イギリスで青銅を作らせてからこの地に持ってきた。一七〇〇年代に史上初のマオリ青銅物品もある。当時は戦いに青銅が使われていた。記録によると、部族間の戦いに青銅が用いられ、後には金属の貿易品目としても青銅が使われた。その後も白人移民との交易の過程で、紙等が導入されて青銅の用途もさまざまに変化した。

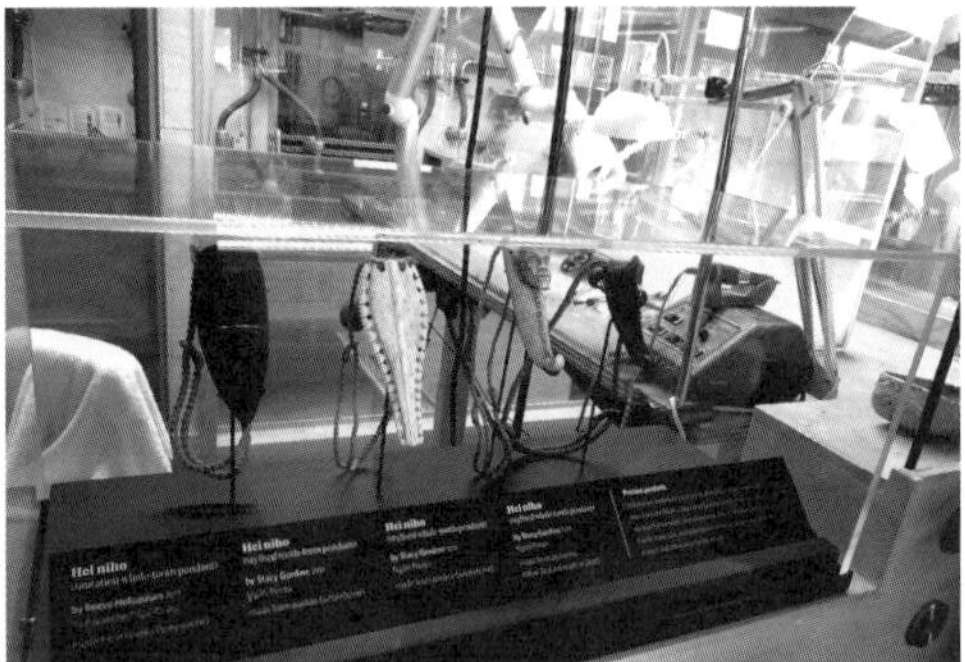

図2-6　石、動物の骨などの素材による工芸作品

（出所）筆者撮影

芸術家が描いたり[22]、創作したり、形をつくったり、模型をつくり、切ったりするとき、それは芸術家と作品との一種の「対話」である。すなわち、それは、芸術家が表現したい感情やアイデンティティやイベントや物語や事実や虚構、地域社会と広い世界（当時世界という概念があったなら）とのコミュニケーションの一種である。彫り物、刺青、編み物、鋳造はマオリのアイデンティティを保ち、伝統的な芸術を続ける、ある種の方法に他ならない。また、それらは現代の複雑な事実と文化的インフラを表す。古い物を繰り返し保護し、また新しい「語彙」も追加され、新しいツー

ルで新しい意味も追加されうる。先達の芸術家が新しい世代にアイデンティティを伝承し、来訪客にその文化と伝統を見せられる（図2-7）。

5　他の先住民文化との交流

二〇一九年のラグビーワールドカップが開催される直前、重要なマオリの工芸展覧会が日本で正式に開かれ、ニュージーランドに視線が注がれた。日本では、ルイの伝統的な芸術とパフォーマンスが注目され、将来世代の未来と世界中の先住民族のつながりが強調された。展覧会は *Tuku Iho / Living Legacy* という題名で、北海道博物館にて四月二七日から五月一四日まで開催され、その後東京都六本木の21_21 Galleryに移動した。

図2-7　作品に投射されている
マオリのアイデンティティ

（出所）筆者撮影

この展覧会はニュージーランド地方政府により企画された。今まで米国、中国、ブラジルを含む三州六カ国でマオリ芸術の展覧会が開催された。北海道での *Tuku Iho* の展示は博物館の空間を超え、教育、貿易、観光に関するイベントを通じてそれぞれの市民社会とつながりを持つものであった。こうして、マオリと北海道のアイヌとの関係が深まることが期待された。

北海道での展覧会は、現代アイヌの芸術家による刺繍の展示が含まれている。北海道の展覧会は独特な若者要素を取り入れ、ロトルア地方の男女高校生で構成される *Kapa Haka* グループ *Raukura* によるイベントも開かれた。

「若者大使に同行していただいたことでTuku Iho文化の素晴らしい表現ができる。Tuku Ihoの生き方は文化外交、つながりを築くことである。ロトルア地方の若者が関わってくれたので今年の活動は一層特別になった」と主催者のBurkhardtは語っている。また、「Tuku Ihoのようなイベントは学生たちに自分の文化に対するプライドを感じさせ、世界におけるわれわれ先住民文化の重要さを現している」とも述べられている。

そして、「このイベントを通じて、次世代を育て、正しい行いを教え、世界の舞台で大使の役割を果たさせることができる。世界の先住民同士を、結ぶ絆がいっそう長持ちするであろう」と。

Aotearoa Ainumosir交流プログラム委員会主席でアイヌのリーダー、島田氏は二〇一三年からアイヌの若者をニュージーランドに派遣し、マオリのイニシアティブについて学ばせてきた。

彼女は言う。

「確かにTuku Ihoがわれわれにインスピレーションを与え、そのうち、自分たちの展覧会を開くという夢を与えてくれた。それができればわれわれは先住民というアイデンティティに、大いなる自信を持つことができる。展覧会は、ニュージーランドと日本両方の先住民とその伝統文化の実践と伝承について学ぶ理想的な機会である」と。

展覧会の一環として、ニュージーランド観光局とニュージーランド航空のレセプションも催された。公式歓迎会では展覧会の厳選ツアーや、北海道歴史村に移って伝統的なマオリの食事、ハンギを含むニュージーランドのグルメを楽しむという企画も行われた。こうして、この展覧会はつながりを作り、日本とニュージーランドの関係を強化する。日本でニュージーランドの特別な要素をシェアする機会ができたのである。(23)

6 先住民ツーリズムの世界的展開

先住民文化の交流の中心をなすものは、右にみたように、無形文化遺産であった。今日、無形文化遺産の概念がますます重要になっており、ユネスコなど国際機関はこの事実を強く認識している。現在、ユネスコは言語、物語、芸術様式、音楽、舞踊、宗教的信念、言い換えれば、物事に直接的に組み込まれていない文化の側面などの既存の世界遺産のリストに加えて、無形文化遺産を保護するための条約を制定した。この決定の要因のひとつは、多くの非西洋文化に対する重要な無形文化遺産に対する、グローバリゼーションによる文化的影響に対する懸念に基づくものであった。

二〇〇三年の無形文化遺産保護条約によると、無形文化遺産や有形遺産は、世界の文化的多様性の維持とその保全、絶え間ない創造性の保障であるという。条約は、無形文化遺産がとりわけ言語を含む口承の伝統と表現、無形文化遺産の媒介物として、次のように表れていると述べている。

・舞台芸術（伝統音楽、舞踊、劇場など）
・社会的慣習、儀式、祭事
・自然と宇宙に関する知識と実践
・伝統工芸

そして、条約は、無形文化遺産を慣習、表現、描写、知識や技術として定義し、コミュニティ、グループ、場合によっては個人を文化遺産の一部として認識するようにしている。また、無形文化遺産はこの条約によって以下の意義に基づき保護されるべきものと示されている。

・次世代へ伝承していくこと
・コミュニティや団体の環境、自然と歴史との相互作用に応じて絶えず再現されていくこと
・コミュニティや団体に自己認識と継続性を与えること
・文化的多様性と人間の創造性への尊敬を促進すること
・国際人権機関と共有すること
・コミュニティ間の相互尊重、持続可能な発展の必要条件に準拠していること

小論 ―まとめ

ここまででマオリ文化を通した先住民ツーリズムの特徴をまとめておこう。

① 対立―先住民たちが新たな移住者たちとの土地や権利をめぐる闘争の歴史があり、それを乗り越え自らの文化の厚みを高める力量が備わっていること、しかし、一方で、② 和解・受容―白人文化やスキルを受容し、それらを自らの文化・伝統と創造的に融合させている。③ 工芸を核とした世界的展開―その観光ベクトルとして、デザイン性や芸術性に軸を置いた工芸があることである。

7 アイヌ文化における先住民ツーリズムの萌芽

では、日本の現状はどうか。

日本の先住民ツーリズムはいうまでもなく北海道が中心であり、日本における先住民文化とはアイヌ文化を指す。

国立アイヌ民族博物館が二〇二〇年に設立されるが、その開設の経緯は二〇〇七年の国連の先住民族の権利に関する宣言にある。これを受け、日本でも二〇〇八年に国会の衆参両院で、アイヌを先住民族とすることを求める決議が全会一致で可決された。この段階で北海道に居住するアイヌの人たちの先住民としての地位が一応固まった。今後は、このアイヌの人たちの地位をいかにして保障していくかが課題となっている。

歴史的にみて、アイヌの先祖に当たる「蝦夷（えぞ）」、「蝦夷（えみし）」という人たちは、大和朝廷にとっては征服すべき相手であり、野蛮な集団とみなされてきた。事実、明治以降においてアイヌは未開の狩猟採集民であると定義されてきた。つまり、アイヌ文化は常に日本国家にとっては「正すべき対象」であった。

周知のように、アイヌは、古くから狩猟とか漁業にみられるように、農業以外の生業に携わってきた。あるいはアイヌは、固有な信仰やマナー、生活習慣を持ち続けてきた。そうした古くから持っていた生活の知恵は、明治以降の政府によるいわゆる近代化政策によって、野蛮なものであるとしてやがて禁止された。

こうした差別によって信仰や生活習慣そのものが自ら表に出せなくなってしまった。一連の政府による不合理な政策は、アイヌ自身の文化的活動を次第に自粛させ、次世代への伝承を妨げる要因になってきた(24)。「北海道旧土人保護法」は、一八九九年、明治時代に施行された法律である。それはアイヌに土地を給付してアイヌを農民化しようという目的の法律で、平成の時代まで生き残っていた。

しかしながら、二〇一九年には、アイヌの人々の誇りが尊重される社会を実現するための施策の推進に関する法律が成立した。これにより、アイヌ文化は、国が自ら守っていくもの、世界に誇っていくものとして、一八〇度転換された。これは、日本の先住民に関する政策の非常に大きな転換というべきである。

実際、国立アイヌ民族博物館は二〇二〇年四月二四日に開館が予定されている。この施設は、北海道白老町(25)に建設されるが、この地は本来アイヌの人たちの有力なコミュニティがあった。そして、大正時代から自分たちの文化を観光資源として使って生活するという伝統が生きていた地域である。計画は、この地域全体を民族共生象徴空間という名前の施設にして、その中の一施設として博物館をつくろうというものである[26]。未開文化であると言われていたアイヌ文化に対して、これは正確な理解を促進させるということが念頭に置かれた博物館である。目的のなかで比較的重要視されているのは、アイヌ文化をよく知る世代の博物館研究者、あるいはアイヌ文化そのものを体得した人材を育成しようという点にある。

アイヌの交流は、三万年くらいの歴史がある。よく知られているのは、江戸時代から明治時代にかけての周辺民族との交流である。そのなかで日本、ロシア、中国―清との交流の歴史は深い。アイヌ社会は決して孤立した未開社会ではなかった。それとともに、現代のアイヌの若い人たちはマウイや台湾先住民、ハワイ、北欧のサーミ、そしてすでに触れたマオリなど世界中の先住民と交流を持つ。

8 ウィリアム・モリスとインクルーシブなクラフトマンシップ

これまでの検討を踏まえて、グローバル化の進展のなかで環境・文化の持続性と先住民ツーリズムのあるべき姿について、一九世紀イギリスの思想家、W・モリスの思潮を手がかりに考察してみよう。

資本主義の発達に伴い、産業革命が進展するが、その陰には厳しい経済格差を反映した労働者らの悲惨な生活があった。また、美しい自然の破壊、都市環境の悪化も日増しに激しくなっていく。このあらゆる面における美の消失を嘆いたのがモリスであった。

モリスは、美の喪失を可及的に防止しようとするならば、それは人間全体に関する問題として捉え、倫理的存在としての人間生活そのものから始めなければならないと考えた。

そして、モリスは産業革命の進展の過程で、疎外された労働、人間の自己疎外が生まれていることを重大視し、仕事には「有用な仕事と無益な労役[27]」があることを警鐘した。単調な労役ではなく、多様性のある仕事に労働の喜びを見出し、この仕事の多様性を可能にするものとして、彼は個々の適性を発見し育てる教育を掲げている。

人間の自己疎外を克服する方法として、モリスは機械を否定せず、労働を省き、余暇を生み出し、喜びのある教育、人間を高める教育―芸術教育にその余暇を用いるのがよいとも述べている。そして、彼はいかに生きるべきかについては、「競争」や対立ではなく、「結合[28]」すなわち協調、寛容の精神の重要性を説いている。

さらに、モリスは、一部の特権階級のための教育ではなく、教育が自由教育を基本とし、その自由教育が過去の自由教養の伝統に立脚しつつ、人間としての自分達の真の諸能力を自覚するまで、人々を教育しようとする。それも、「かれらが自分達に急速に押しつけられている政治的力を、みずからのために使用できるように」するために他ならない。

彼は言う。「わたしが要求するのは自由教育である。すなわち、わたしが分けもつ機会である。そしてまた、手工芸であれ、美術であれ―たとえば絵画、彫刻、音楽、演技など―、世界で行われている手の技量《スキル》を分けもつ機会でもある。もしわたしに教えられるとしたら、共同社会のために腕をふるえる、一つ以上の工芸を教えられたいと要求する[29]」と[Morris, W. 1971]。

そして、彼は一八八八年に「四．手工の復興」を発表した。モリスは、そのなかで「職人気質」(クラフトマンシップ)について述べ、機械を人間の主人として、人間性を破壊する現体制を批判し、手工すなわち工芸の復興を唱えたのである。モリスは、ビクトリア時代の思想家、ラスキンに影響され、アーツ・アンド・クラフツ運動を展開した[30]。

モリスの主張は、産業革命によって身近なものが工業製品に変わっていくことを踏まえ、手しごとを再評価する点にある。モリスは、これこそが社会を変えるための第一歩と考えた。生活のなかにステイタスシンボルとなるような高級品としての手しごとを持ち込もうということではなく、身近なものをもう一度よきものにしていく、その手がかりとして、手しごとに注目したのである。

単に製品の劣悪化だけではなくて、社会の劣悪化をもたらしている産業革命に対する確実なカウンターパンチになるとモリスは考えた。社会のなかで卓越さをいかにして回復していくかが、彼の問いかけであった。

このように、「社会」と「生活・環境」というふたつの極を橋渡しして、つなげるヒントが工芸に隠されているといえそうである。それを生み出す職人のクラフトマンシップをどのように高めていくか、工芸独自の生活・環境の美の実現こそが、社会課題の解決に結びつくといえる。

むすびにかえて

これまでみてきたように、先住民ツーリズムは、対立・受容・融合の過程を経て、世界的な交流の段階へ向かっている。そして、先住民文化の特質は、学校を核としてインクルーシブな工芸の世界的展開へと進歩を遂げている。モリスは、西欧の産業発展から導かれた機械文明の限界を予言し、アーツ・アンド・クラフツ運動を通じて、未来へ希望をつないだ。

モリスの主張が正しいのであるとすれば、先住民ツーリズムの方向性は、〈共生の価値〉と〈手しごと〉が重要になる。二一世紀に生きる人々は、グローバリズムの課題を抱えつつも、このふたつのファクターに共感し、そのことを深く知り、学びとるためにその土地を訪ねてくるといえるのではないか。このツーリズムのあり方こそが、これからの先住民ツーリズムのあるべき姿である。

注

（1）Adventure Travel Trade Associationによる定義。
（2）北海道経済産業局、阿寒観光協会まちづくり推進機構などが中心となっている。
（3）佐々木史郎（国立アイヌ民族学博物館設立準備室主幹）報告「文化多様性とミュージアム―国立アイヌ民族博物館の試み―」文化資源学会、二〇一九年七月一三日。
（4）これは、マオリの集会所を意味する。
（5）kapa hakaのスキルが披露される。
（6）New Zealand Maori Arts and Crafts Institute.
（7）学校では正式に入学するには一八歳以上のマオリであることが必須である。必ずしも純血マオリである必要はないが、マオリの子孫であると証明する必要がある。もっとも、マオリ以外の者は、研究生として短期入学はできるし、日本人の入学者もいる。
（8）筆者らは、二〇一九年三月に当地を訪れ、インタビュー調査を実施した。
（9）神とは一般に地母と天父を指す。
（10）そのため、一般に土地戦争と呼ばれる。あるいは、マオリ戦争（ニュージーランド戦争）ともいわれる。
（11）医療を施し、各集団に働きかける人々。
（12）「トフ」の後にくる「ンガ」は兆候を読める「人」という意味。
（13）他の芸術の喪失もトフンガ弾圧法に遡る。
（14）この場合はマオリである。
（15）その法律がなければ、マオリが持つ知識、伝統、文化を子孫に残せた。
（16）そこに青銅の鋳造場、伝統的な木彫り、編み物と刺青の学校がある。〈星〉を使った航海技術を教えているキャンパスもある。
（17）「息を吹き込む」というのは、作者として魂を込めるという意味である。
（18）タモコはウフィと呼ばれるのみで皮膚を彫ることである。針を使わずに体と顔に墨を永久に入れる。
（19）これはアジアの武術のように主に木棒である。
（20）この場合は緑石である。

(21)この場合は、主に通貨として用いられた。
(22)壁画もマオリの創作である。それは、マオリがこの地に白人よりずっと前から住んでいる証拠として発見されたが、その後は大部分が失われた。その多くは火山噴火によって壊されたり覆われたりしたものである。
(23)https://www.nzherald.co.nz/rotorua-dairy-post/news/news/article.(二〇一九年六月一日閲覧)による。
(24)その典型的な例がアイヌ語という言葉である。
(25)この白老は、アイヌ語では「シラウヲイ」、「アブの多いところ」という意味である。
(26)財団法人アイヌ民族文化財団によって経営委託される。委託元は、博物館は文化庁で、残りの公園部分の体験交流ホール、交流館、伝統的チセなどは、国土交通省の北海道開発局からの委託になる。アイヌ民族文化財団は二つの省庁から委託を受けて、この空間を経営する。
(27)Morris, W.(内藤史朗訳)[一九七一]、八九ページ以下。
(28)同右、一三五ページは結合が強調されている。
(29)同右、一四三ページ。
(30)彼の考えは、ワイマール時代のドイツでバウハウス(Bauhaus)に結び付く。

参考文献

〈邦文献〉

塩野谷祐一[二〇一二]『ロマン主義の経済思想―芸術・倫理・歴史―』東京大学出版会。
高山陽子編[二〇一九]『多文化時代の観光学』ミネルヴァ書房。

〈欧文献〉

Albrecht, S.［2011］Tourismus. 2. Vollstaendig veberarbeitete Auflage（富川久美子訳）［二〇一八］『ドイツの観光学』、ナカニシヤ出版

Judith, M. ed.［2019］*The Routledge Handbook of Festivals*, Routledge.

Metin, N. K. ed.［2019］*Tourist Destination Management*, Springer.

Neich, R.［2002］*Paintad Histories : Early Maori Figuraeive Painting*, Auckland Univ. Press.

Neich, R.［2009］Carved Histories : Rotorua Ngati Tarawhai Carving, Auckland Univ. Press.

Morris, M. ed. The *Collected Works of William Morris*, Longman, 1910－15（内藤史朗訳）［一九七一］『民衆のための芸術教育モリス』明治図書出版。

Philip, R. S［2018］*The Palgrave Handbook of Dark Tourism Studies*, Macmillan.

Pliip, L. & Nigel, D. ed.［2016］*Tourism and the Creative Industries*, Routledge.

Rhonda, L. K ed.［2019］*Perspectives on Rural Tourism Geographies*, Springer.

Skinner, D.［2008］*The Carver and the Artist Maori Art in the Twentieth Century*, Auckland Univ. Press.

Vanessa, R.ed.［2020］*Toursism Innovation.Technology Sustainability and Creativity*, Routledge.

第３章　キレと女たち

キレ――（「布」「裂」とも書く）織物のきれはし。また広く、織物。布地。（広辞苑より）

石丸香苗

はじめに

いまもむかしも古今東西、女性というものは布に心を奪われる性《さが》である。日々の生活で身に着ける日常着や特別な日に身を飾る晴れの衣装から、日用品として用いられる布巾まで、キレというのはなぜかしら、手に取る女性の心をときめかせる。旅に出たとき、その土地で育まれた独自のキレの美しさを知り、手に入れることは、多くの女性たちの心をときめかせる旅の楽しみである。

キレはその場所についての情報を詰め込んだ、文化そのものを反映した日常品だ。使われる素材には、その土地の植生、土壌や気候などの自然環境が反映される。手の込んだ、あるいはシンプルに見える意匠には、その文化が連綿と語り継いできた歴史や物語が隠喩として織り込まれている。織りや編みの手法には、そこで生きる人たちの日常生活そのものが反映される。家族の中で誰が織りを担ってきたのか、どのような経緯で受け継がれてきたのか、また、その社会でキレはどのような意味を持ってきたのか。

だが、現代の私たちの生活におけるキレは、いまやそのような意味を持たず、キレの価値は大きく変化してしまった。化学合成、またはどこかの途上国で大規模に生産・加工された材料から、誰かが作った流行に沿ったデザインが工場や機械で一括大量生産され、グローバルな流通に乗ってわたしたちの近くの市場《しじょう》へとやってくる。店頭またはネットの画面に並ぶその既製品たちは、着やすく機能的でとても安く、私たちは簡単に手に入れて、また簡単に消費する。少し着古したものや流行に合わなくなったものは、流行りの断捨離の対象になり、クローゼットから消えていく。穴が開いたズボンやシャツに端切れを充てて、長年大切に履こうとする人がこの時代にどれくらいいるだろう。キレがどのように生まれるか、どれだけの人の手間と想いを内包したものであったか。キレが持つそれらの意味は、現代の私たちの中から消えかかっている。

ハンドメイドやＤＩＹをしようとするとき、私たちの社会で「作る」ということは材料を揃えることから始まる。テーブルをＤＩＹする人であれば、ホームセンターでそれぞれの予算に合わせ、イメージする台に合ったサイズの板を選び、脚に合った太さの柱材を揃える。最近はサービスが良いので、ホームセンターでカッティングを施してもらえれば、作業はぐっと簡単になるだろう。だが、木材はテーブルをＤＩＹする時の「材料」であると同時に、森林所有者や森林組合や林産加工企業による「生産物」でもある。例えば、日本における針葉材の生産過程はこうなる。伐採された山の斜面は整地され、苗木が植えられる。若齢の間は、他の植物と競合しないように下草刈りが行われる。樹高が高くなってくると、美しく使用しやすい材を生産するために、間引きや枝打ちが行われる。そうやって大切に育てられた樹木は、適切な時期になると伐倒され木材市場へ出荷される。加工会社に購入された木材は、それぞれの樹種の適性に合わせて製材され、製品の要望のサイズに合わせて加工されて出荷される。そうしたものが住宅建造、家具製造などの色々な市場に流れたもののうち、ホームセンター用の木材としてやってきたものが、私たちの手に入る。

同じように、ハンドメイドで子供の衣服を作るとき、または自分だけの気に入ったデザインの鞄をつくるとき、私たちはキレをそろえる。キレは手芸屋またはネットで、豊富なデザインの中から好きなものを、長さ当たりいくらの値段で選り取り見取りである。しかし、だれが「布」を生産する過程を想像するだろう。それはむしろ、森や林業の仕事がまだ私たちの目につきやすく想像しやすいのに対して、より遠く、思い描くことが難しいものではないか。

古来より、キレにまつわる仕事、特に商品ではなく自分達が日々使う布の制作は、世界の多くの場所で女性の仕事であることが多かった。機を織って布を作る、材料から糸を紡ぐ、材料を育てる。家庭の中でどの女性が糸を紡ぎ、機を織ったのか、それは女性たちの間でどのように受け継がれてきたのか。また、キレはその社会でどのような意味を持っていたのか。本章では、布とその制作にかかわる女性たちに焦点を当てて、三つの地域を取り上げる。それぞれの土地の布の概要や歴史、制作工程の概要、制作における女性の役割から、地域のキレがその場所の自然や文化や日常と、また地域外への関係性の中で、どのような意味を持つのかについて考えてみたい。

1　沖縄県大宜味村喜如嘉

沖縄の布と観光

観光客が溢れる那覇の国際通りへ行くと、琉球紅型やミンサーの柄がプリントされた沖縄らしいみやげものが並んでいる。私たちがイメージする沖縄を具現化したような、華やかな色使いの小物たちは、みやげものとしてとても人気だ。本土から海を隔てた南国の島々である沖縄は、琉球王朝や八重山など、多彩で個性のある文化によって訪れる人々を魅了し続けてきた。沖縄らしい模様が織り込まれた布でつくられたみやげものたちは、美しく愛らしく、私たちに南の美しい島々の情景を想像させる。

だが沖縄の布もまた、日本中で着物が日常に着用されなくなり、原材料や制作方法が変化したと同じように、時代に伴って様々な変化を経験してきた。第二次世界大戦敗戦後、アメリカ軍政下におかれた沖縄では、米軍が入ってきたことによって経済的には活発になった。石垣島にある南島民俗資料館の崎原館長によると、現金獲得が可能な労働市場が広がったことで、沖縄の女性たちは、家庭の外に積極的に働きに出るようになったという。勤めに出かけるには伝統的な着物では働きにくい。そのため、沖縄では多くの女性が比較的早くから洋服を着用するようになった。南嶋民俗資料館には、時代に合わせて伝統的な着物をほどかれ作り替えられた、芭蕉布で作られたワンピースが保存されている（図３-１）。現在、人々が伝統的な衣装を着る機会は祭祀くらいで、その衣装も人工繊維の布に機械プリントを施したものが殆どであるという。今では入手しにくくなった、父母や祖父母から受け継いだ高価な伝統的な布は、各家庭で大切にしまわれているそうだ。戦後のアメリカ

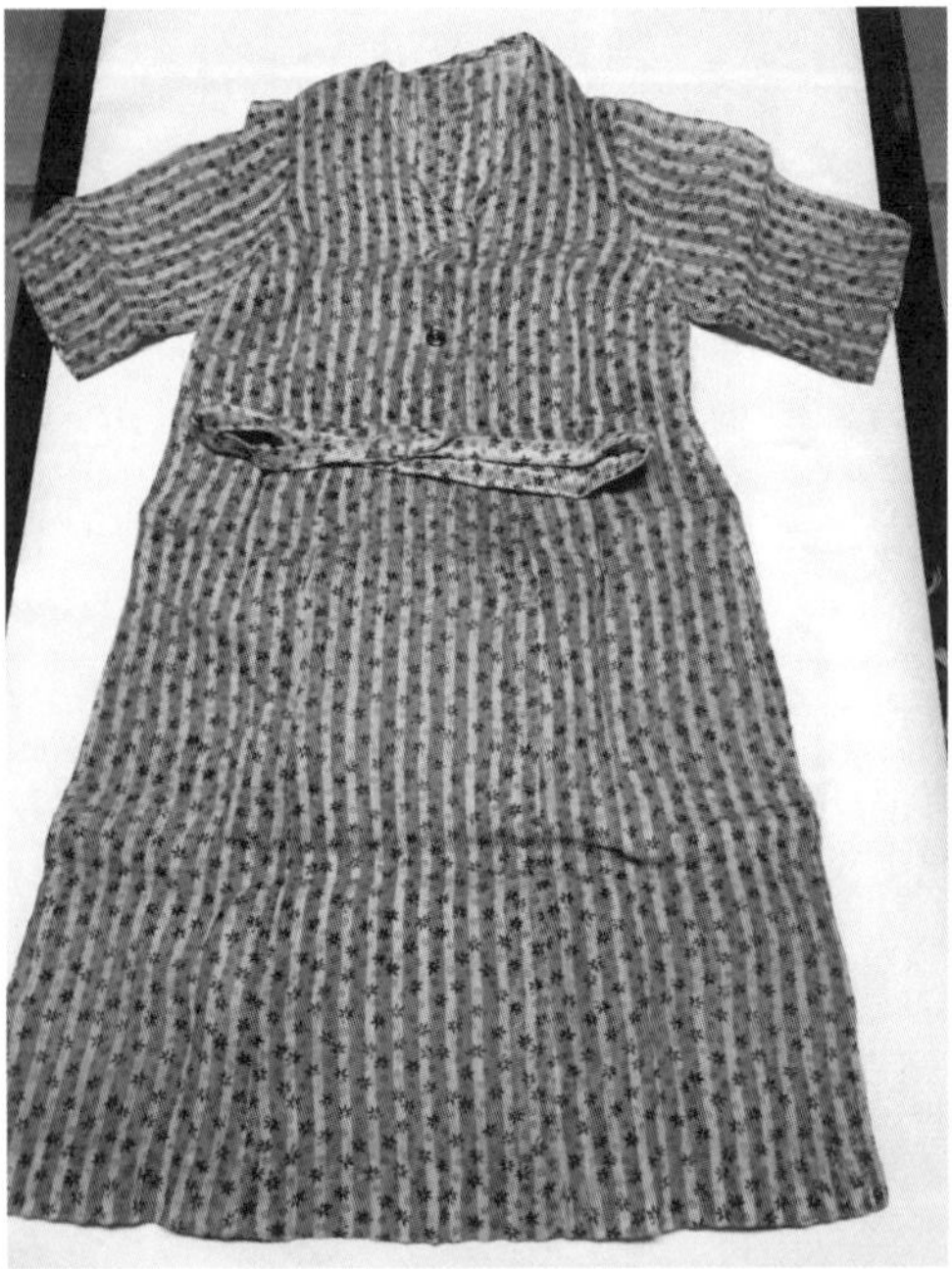

図３-１　芭蕉布の着物を作り替えたワンピース

アメリカ占領下で女性の社会進出が進んだ時代、女性たちは芭蕉布の着物を洋装に作り替え、外の社会に出て活躍した。

（出所）南嶋民俗資料館館長 崎原毅氏撮影

占領、本土復帰後の一大観光地化という時代の大きな変化の影響を受ける中、沖縄の女性たちはキレとどのように付き合ってきたのだろうか。

この章では、重要無形文化財であり芭蕉布の手しごとを保存してきた、沖縄本島の喜如嘉を取り上げて紹介する。喜如嘉には大宜味村立芭蕉布会館があり、芭蕉布制作現場の見学や、芭蕉布に関する歴史や制作工程などを知ることが出来る。

芭蕉布の歴史と概要

芭蕉布の原材料である糸芭蕉はバナナの祖先種であり、東南アジア・南アジア・中国南部などに分布する湿り気や高温に強い、熱帯の多年生草本である。芭蕉布は糸芭蕉の幹の繊維を利用して作られる布であり、かつては沖縄全土で利用がみられたほか、古くは中国南部でも生産されていた形跡があるという［沖縄県立博物館 一九九三、田中・田中 一九七六］。芭蕉布は通気性が良く、軽く肌触りがサッパリしているため、高温多湿な気候に最適であった。明治時代以前の沖縄の芭蕉布の歴史については資料が残っておらず、その詳しい様子を知ることは難しい。だが、一四世紀から一六世紀には中国への献上品として芭蕉布が贈られ、琉球王朝の王宮内衣装は芭蕉布を用いていたという［沖縄文化社 二〇〇〇、平良敏子 一九九八］。

芭蕉布制作の伝統を受け継ぐ芭蕉布保存会が作成をした「芭蕉布の今昔」によると、明治二六年に出版された笹森儀助の「南東探検」では、大宜味村の芭蕉布についての記述が残っているという。明治三八年には高機が導入され、明治四〇年には芭蕉布品評会が開催され、副業として芭蕉布の生産が奨励されたとしている。喜如嘉のある大宜味村はかつて、船大工を算出した土地として知られており、男たちが那覇へと出稼ぎに行く間、女たちが村を守った。残された女性と老人たちが取り組んだのが、芭蕉布の生産である。平地が少なく米作が難しかった大宜味村において、湿気を好み、地味の悪い谷間でも育てることができた糸芭蕉は、土地に最適な作物であった［沖縄県立博物館一九八八］（図3-2）。昭和に入ると、喜如嘉の芭蕉布は沖縄の中でも頭一つ抜けた品質を誇るものとして知られるようになる。昭和一〇年代には東京三越などの特産物即売会で、三〇〇反の芭蕉布が出品されるなど、販路と知名度が飛躍的に広がった。昭和一五年には「大宜味村芭蕉布織物組合」が結成。芭蕉布工場が設立され、よりかけや整経の講習会などが開催され、品質や技術向上につながっていった［喜如嘉の芭蕉布保存会二〇一八］。

図3-2　大宜味村の谷に自生する芭蕉

戦後、米軍占領下にあった時代は、マラリア防止のため芭蕉の栽培が禁止されており、喜如嘉の女性たちは自生していた糸芭蕉から繊維を取って芭蕉布を制作した。

（出所）筆者撮影

しかし、沖縄各地で生産されていた芭蕉布は、第二次世界大戦による焦土化と、その後の米軍の占領によって存亡の危機に遭う。米軍の命令により、糸芭蕉畑はマラリアの発生源になるとして、すべて焼き払われてしまう。危機的状況にあった喜如嘉に、芭蕉布再興に大きな役割を果たす平良敏子氏が戻ってくるのは、昭和二〇年のことであった。平良敏子氏は女子挺身隊員として岡山県倉敷へ赴き、戦後は倉敷紡績で織物の基本を学んだ。大原美術館の創立者、大原孫三郎の息子であり、昭和の実業家にして文化人である大原総一郎氏は、沖縄から女子挺身隊としてやって来ていた女性たちを占領下の沖縄に返すことを憂慮し、沖縄の織物文化を再興する担い手として育成することを目的に、倉敷民藝館館長であった外村吉之介氏の指導にゆだねた。平良敏子氏は倉敷で外村氏の指導を得た女性たちの一人であった。喜如嘉に戻った平良敏子氏は、大倉総一郎氏や外村氏から「沖縄の織物を守り育ててほしい」と激励されたことを胸に、戦争未亡人たちに声をかけ、山に自生する糸芭蕉を刈り、途絶えかけていた芭蕉布の制作に取り掛かる［喜如嘉の芭蕉布保存会 二〇一八］。

昭和三〇年代になると、日常において伝統的な衣装を着用する機会は激減し、芭蕉布を制作するのは沖縄県内でも喜如嘉のみになってしまった。喜如嘉では、芭蕉布の伝統を絶やさぬように奮闘を続け、アメリカ人たち向けにテーブルマットやクッションなどを、本土向けには座布団や帯地など、芭蕉布の製品を制作して出荷し続けた。昭和四〇年代になると、ようやく追い風が吹いてくる。喜如嘉の芭蕉布は、日本伝統工芸展などで受賞することが続き、昭和四七年には喜如嘉の芭蕉布と平良敏子氏は、それぞれ県無形文化財とその保持者に認定され、昭和四九年には国の重要無形文化財の総合認定を受けるなど、喜如嘉の芭蕉布は徐々に名を知られるようになっていく。その一方で、昭和五〇年代からは過疎高齢化、原材料確保の困難などから、芭蕉布の生産量は徐々に減少していく。この対応として、喜如嘉芭蕉布事業協同組合が立ち上げられ、芭蕉布会館での集中的な後継者育成事業を可能にしたとともに、保存・宣伝・普及事業を担い、現在に至っている［喜如嘉の芭蕉布保存会 二〇一八］。

芭蕉布の手しごと

喜如嘉の芭蕉布保存会が出版したリーフレット「喜如嘉の芭蕉布」の「制作工程紹介」の扉ページには、「芭蕉布作りは畑仕事から」という一文が記されている。喜如嘉の芭蕉布の大きな特徴は、素材の生産から織上げる工程までのすべてを、地元で行うことである。糸芭蕉の栽培から織布の最後まで、徹底してその地で、人の手によって制作さ

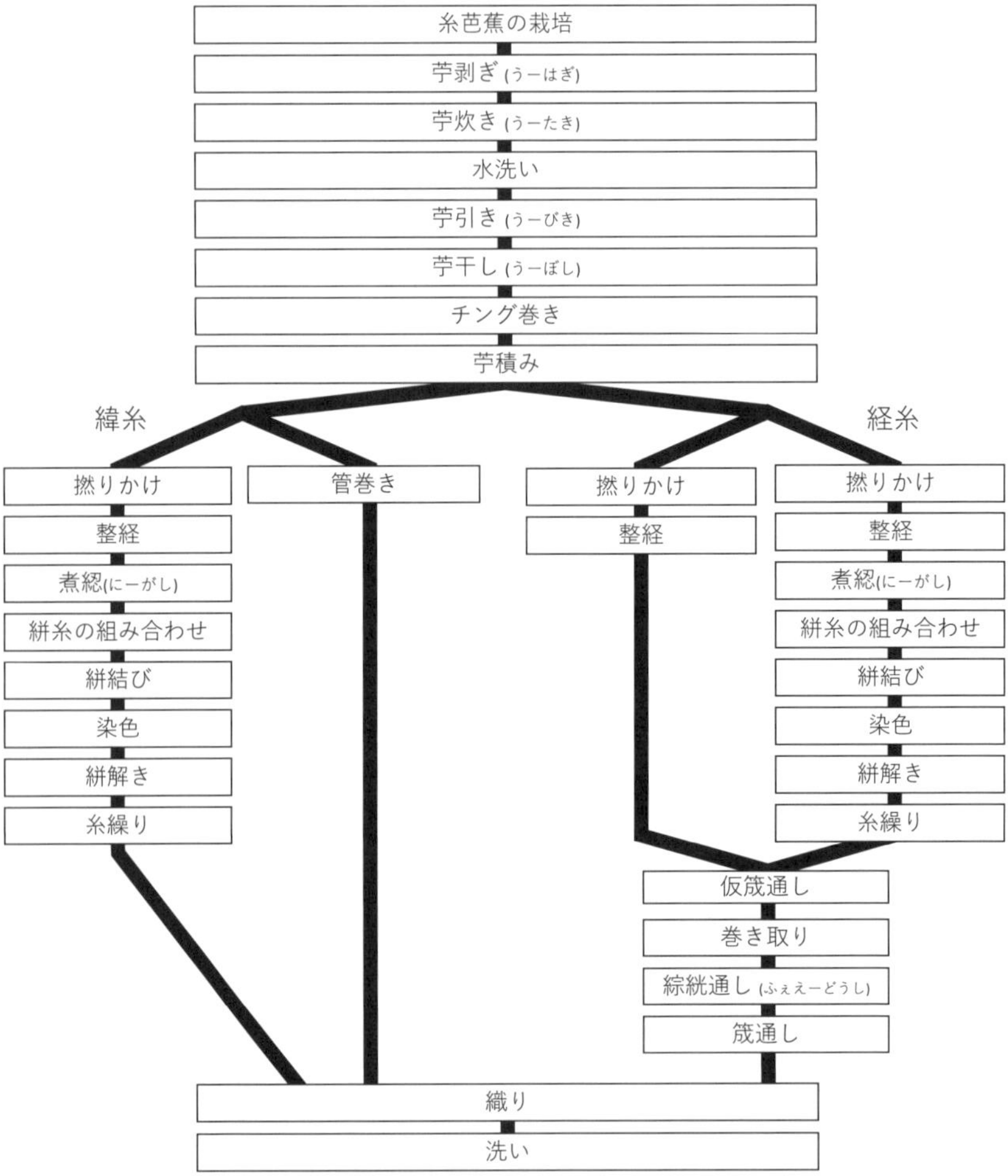

図3-3　芭蕉布制作工程

(出所)喜如嘉の芭蕉布保存会(出版年不明)『喜如嘉の芭蕉布』、平良敏子(1998)『平良敏子の芭蕉布』より筆者作成

れる。布は繊維からつくられ、繊維は生き物からつくられる。そして、人が自然の力を借りて生き物を育てる。ここではリーフレット「喜如嘉の芭蕉布」を参照して芭蕉布の制作工程を紹介する（図３－３）。

芭蕉布の制作過程はまず、畑において材料となる糸芭蕉に、施肥や葉落とし・芯止めなどの作業を施して素材としての高い品質を確保することから始まる。一〇月から二月にかけて、栽培して三年以上が経つ糸芭蕉を伐倒（苧倒《うーとー》し）する。芭蕉の幹は同心円状に重なった皮からなっており、芭蕉布に使用する繊維は、この皮を一枚一枚、根元から剥がして利用する。剥がれた皮から取れる苧は、柔らかさや特徴の違う四つの種類に分けられる（苧剥《うーは》ぎ）。一枚の皮はさらに表と裏に剥がれ、表側が利用される。四種類の苧のうち、一番外の硬い皮は座布団に使われる。外から三番目の（中子《なはぐー》）と呼ばれる部分が、着物の生地を作るために用いられる。

とれた苧は灰汁で煮られ（苧炊《うーた》き）、水洗いをしたのち、「えーび」と呼ばれる竹鋏でしごくことで、不純物を除き繊維を取り出す（苧引《うーび》き）。取り出された繊維は、柔らかさによって緯糸と経糸用により分けられたのち、陰干しされる（苧干《うーぼ》し）。干された苧は扱いやすいようにこぶし大の玉にして（チング巻き）水につけられ、そこから繊維を引き出して糸に紡ぐ（苧績《うーつ》み）。苧績みは、「しーぐ」と呼ばれる小刀で水から引き出したチングを割いて、繊維にして結び足してく。つなぎ目は強く引いて、結び目を目立たないようにする。均一な糸を作ることが良い布の品質につながるため、苧績みの工程は芭蕉布の制作工程の中で最も時間がかかるとともに、経験が必要な工程だそうだ。一反を作るのに必要な長さの糸には、合計二万個以上の結び目が作られている。経糸と緯絣糸はそれぞれ強度を増すために、糸車を使用して撚りをかけられる（撚りかけ）。芭蕉の糸は乾燥すると切れやすいので、撚りかけは湿気を与えながら行うため腐りやすく、すぐに経糸の長さに揃えられる（整経）。染色する糸は、一定の長さの束にした綛《かし》のまま、木灰汁で煮てから精錬する[1]。精錬することで糸は柔らかく染色しやすい状態になる。染色用の糸は染色しない部分に、剥いだ芭蕉の皮の裏側を当てて紐で固く結ぶ。糸の染色には、青が藍、赤はシャリンバイを用いる（図３－４）。

染め終えた絣糸は筬《おさ》（緯糸を詰める櫛のような器具で櫛の目にあたる部分に経糸が通る）に仮通しし、巻き取り機に置かれる（仮筬通し、巻き取り）。巻き取りから筬を外し、綜絖《そうこう》（経糸を交互に上下させ緯糸を通すようにする器具）に通し、次に筬に通して織の工程へ入る。乾燥に弱い芭蕉の糸が切れないように、織りの工程も常に湿気を与えながら織られる。こうして織りあがった反物は、石鹸で汚れを落として木灰汁で炊かれ、水洗いしたのち中和する（洗濯）。最後に、布の幅を整えて一反の芭蕉布が生み出される。

芭蕉布と女性たち

かつて琉球王朝では驚くことに、その地位に関係なく王族から庶民に至るまで、すべての女性たちが芭蕉布の制作を経験していたという［児玉 二〇〇五］。王女が生まれると芭蕉畑が与えられ、婚礼する女性は紺染めの芭蕉布を纏ったように、琉球王国では女性の一生と芭蕉布の間に密接な関係があった。「図説琉球の染めと織り」の中では、琉球王尚家夫人が自ら芭蕉布の糸を紡いでいた記憶を、孫の井伊文子氏が語っている。かつての琉球王朝では女性らはみな芭蕉から糸を取り、紡ぎ、織るという生活をしていたのだ。芭蕉布の作成において位階によって異なるのは、労働ではなく糸の質であった。中央付近から取られた繊維は細く柔らかく絹のような光沢を持つのに対して、幹の外部へ行くほど繊維は太くゴワゴワと固くなっていく。外部の繊維は美しくはない代わりに丈夫であったため、農作業などの手洗い扱いにも耐えることができた。芭蕉布は繊維を変えることで用途に応じ対応することが可能

図3-4　芭蕉布の染色に使われるシャリンバイ

（出所）加川真美氏撮影、京都市

で、糸芭蕉ひとつで様々な仕事や位階の人々に、琉球の気候に適した心地の良い衣類を提供してきたのである。

大正末期から柳宗悦や河井寛次郎らが提唱した「民藝運動」は、芸術家が美を追求して生まれた美術品ではなく、市井の名もなき人々が日常に使用するために作った品々の中に美を見出した。民藝運動の提唱者らは、民藝は土地の材料を使用し、安価であり、日々の生活や仕事に使われるものであり、生活の中に美しいものを、よいものを作り出そうとする素朴な願いから生み出された美であり、他者からの評価によって名を挙げるための美の創造ではないとした［松井 二〇〇五］。芭蕉布づくりは、よい芭蕉を育てることから始まり、一反の織物に仕上げるまで、多大な労力と繊細な神経を費やして出来上がる。これだけの手間をかけて出来上がるものは栄誉や名声のためのものではなく、人々の日常の生活の用を満たすものであった。平良敏子氏は、リーフレット「喜如嘉の芭蕉布」に掲載されている随筆の中で、「（中略）芭蕉布は、その材料すべてが沖縄の自然にあるものからつくり出されます。機械も一切使いません。これは私の母、そのまた先祖たちが何百年も前から守り伝えてきた、大切な郷土の技術であり文化なのです。今、私たちがやめてしまったら、沖縄から芭蕉布はなくなってしまいます。それはあまりにも申し訳ないという気持ちで、私たちは今日まで様々な苦労を乗り越えてきました。」と記している。

柳宗悦は喜如嘉を訪れ、芭蕉布の美しさに魅入られて、昭和一七年に「芭蕉布物語」を執筆した。戦後の倉敷で織物の指導をうける間、平良敏子氏も「芭蕉布物語」を読む機会があったという［柳・松井 二〇一六］。「芭蕉布物語」の「織手」の章の冒頭には、「女達は只務めとしてのみ機を織ったのではありません。織ることがひとつの悦びでした。誇でさへあったのです。」と記している。柳宗悦はつづけて、芭蕉布の多様な伝統的な柄のひとつひとつに愛らしい名前がついていること、織手の女性たちによって伝統の中から新しい柄が創造されてきたことを綴っている。「伝統は女達を助け、さうしてそれが彼女たちを自由にさせました。各々のものは創り手であつたのです」そして、自由な仕事の余地が、誠実に良いものを生もうとする気持ち、仕事への責任の念を強め、良い織手にさせることへ繋がったと論じている［柳 二〇一六］。女性たちにとって芭蕉布の制作は家事の義務ではなく、創造する悦びと精神の自由でもあったからこそ、位階にかかわらず女性たちの手しごととして受け継がれてきたのではないだろうか。

同書で柳宗悦は、どんなに布が上手に美しく織りあがろうとも、芭蕉布には織手の名前が記されないことに言及して、「彼女たちはそれで名を得ようとしたのではありません。いい作品を作ることに満足があったのです（中略）それは大勢の人たちの日々の役に立てばよいのです。（中略）この世には名もない人から沢山美しいものが生まれているのです」と述べている。平良敏子氏の息子に嫁ぎ、芭蕉布保存会の現理事長である平良美恵子氏は、芭蕉布の美しさを高く評価した柳宗悦の言葉が、喜如嘉の女性たちの心に残っていたことが、喜如嘉に戻った平良敏子氏の芭蕉布再興の呼びかけに協力する原動力となったと言う。世に名も通っていない普通の女性たちである自分たちが、しかし丹精を込めて芭蕉を育てることから作った芭蕉布の美しさ。そこに美しさを見出され評価されたことは、ずっと喜如嘉の女性たちの誇りとなっていたのだろう。

喜如嘉の人々の芭蕉布の継承には、伝統工芸としての意義だけではなく、芭蕉布を織ってきた女性たちの家族への愛情、土地の資源を利用した暮らしへの誇り、芭蕉布制作の技術を受け継ぎ守ってきた先人たちへの敬意など、自らの土地のさまざまな記憶を織り込み、遺していかなくてはならないという想いを感じる。柳宗悦は芭蕉布の中に、名もなき婦人たちが自由な創造の中で、自らや家族の日々の生活の中で役立ち、美しさを添えることを悦びとした、女性たちの精神の尊さや生命の力強さを感じたのではないだろうか。蕉布物語の最後は「私達は誰が作ったか分からない芭蕉布の美さのその背後に、何か拝みたいもののあるのを感じます。」と締められている。

2　台湾

台湾原住民の布と観光(2)

台湾は、日本最西端に位置する与那国島からわずか一一〇キロメートルの距離に位置し、日本にもファンが多い、心情的にも物理的にも私たちに近い国である。気候は温暖で治安も良く、美食の地でもあることから、東京や大阪からのみならず、多くの地方都市からも台北への定期便が就航し、海外旅行先としても常に人気上位に入っている。だが、台湾を訪れる旅行者の中で、台湾の原住民文化に関心を持つ人はそう多くはない。その理由として、原住民らの居住地が主にアクセスのしにくい山岳地であることや、台湾原住民族が経験してきた歴史が存在するのではと考えられる。

台湾は繰り返し外部からの干渉を受けてきた。中国、オランダ、日本そして再び中国と、台湾にやってきた人々は、文化や言葉を抑圧することで台湾原住民を支配しようとしてきた。日本統治時代には日本語が公用語とされ、現在は漢民族の影響により中国語が最も広範に使用される。また、言葉と同じく、そしてほかの世界各地の先住民たちと同じく、台湾の原住民たちも劣等な文化を持つ者たちとして、支配下の社会の中で差別を受けてきた。しかし近年は、特にアートの世界を中心に原住民文化が見直され、原住民の文化と誇り回復の機運が広がっている。そのような歴史の中で、台湾原住民の人たちにとってキレや衣装はどのようなものであり、それは時代とともにどう変化してきたのか。また、女性たちはどのような役割を持ってきたのであろうか。

この章では、台湾のいくつかの原住民族とキレの関係について述べる。台湾原住民の布や民族衣装について知ることができる場所としては、台北市の順益台湾原住民博物館や台東市の国立台湾史前文化博物館などの博物館のほか、原住民人口の特に多い台東では原住民デザインを扱ったり、ワークショップを行う工房が多く存在している。

台湾原住民の布の歴史と概要

現在、台湾原住民は一六の民族が政府認定されている（二〇一九年一一月現在）。台湾の原住民は、フィリピン、マレー、メラネシア、ミクロネシア、ポリネシアの諸民族と同じ、太平洋に広くまたがるオーストロネシア語族である。彼らは漢民族が一七世紀に台湾にやってくるまで、少なくとも四〇〇〇年間は台湾に住んでいたと考えられている。台湾の面積は約三六〇〇平方キロメートルと九州の大きさと同じ程度であり、面積的には大きくはないのに対して、政府に認定されていない民族も加えると、二〇以上の原住民族が存在している。しかもこれだけ狭い面積に分布しているにも関わらず、各民族はそれぞれ異なった言語を持ち、文化、社会組織や身体的特徴において高い多様性が認められる。民族原住民らは文字文化を持たなかったため文字の歴史記録は残っていないが、台湾原住民族の高い多様性の理由は、それぞれ違う時代にオーストロネシア系の違うグループが台湾へ到着し、それぞれの民族となったからと考えられている［Yao 2000］。

民族衣装の多様性もまた然りである。各族はそれぞれ異なった装飾や意匠を持ち、衣装によって民族を区別することが可能である一方、素材や織においては共通した特徴を共有しており、殆どの民族は衣装を栽培した麻および綿から作成していたという。山岳地に分布するツォウ族やブヌン族らは、寒冷な気候から身を守るため、狩猟の獲物から取った毛皮をまとっていた［其 二〇一四］。獲物の利用は、ルカイ族の男性は例えば狩りの獲物の角と毛皮や貝で装飾した帽子、ブヌン族では動物の頭蓋を男性の帽子などを正装時に着用した。後世になり外部からの人々との交流が始まると、ビーズや鉄の硬貨などが装飾に用いられるようになった。一方、織物の文様は各民族独自の象徴的なデザインを持っており、それらはそれぞれの信仰や社会規範などを反映している。例えば、パイワン族は百歩蛇というヘビが頭目の祖先だという神話があり、百歩蛇を象った装飾は貴族階級しか使用できない［黄 二〇一二］。

一六世紀半ばにオランダが台湾を統治すると、彼らは原住民教化政策に乗り出し、商業経済や言語教育を導入した。その後、清朝統治時代を経て一九世紀末から日本統治時代の戦時期に入ると、警察当局は狩猟の制限や焼き畑から水田耕作への転換など、原住民の伝統的な生活基盤を日本的な生活様式に改変しようとした［山路 二〇〇九］。日本は統治時代五〇年間にわたり、原住民らが植物から繊維を取り、機を織ることを禁じ、日本的な木綿の着物や国民服を着るよう奨励した［蔡 二〇一六］。同時に市場経済の流入によって安価に布が手に入るようになると、生活の中での女性たちの機織りの重要性は変化していった。日本の撤退後には中華民国の領土となり、中国国民党の支配下で、台湾原住民独自の文化はまたもや抑圧され、社会で差別的な扱いを受ける時代が続いた［山路 二〇〇九］。

ようやく台湾原住民文化に光が当たり始めるのは、一九八〇年代に入ってのことであった。世界的な先住民文化の再評価の機運にともない、台湾でも原住民の先住権運動が高まる［呂 二〇一七］。これに目を付けた行政は、地場産業として原住民文化を反映した現代的な商品の開発を奨励した。二〇〇〇年代に入ると、「原住民技芸コンテスト」や「全国原住民有料工芸創作者」の審査が行われる［山路 二〇〇九］。これらに出品された作品は、伝統的なデザインだけではなく、現代的なデザインを取り入れたオリジナリティが高く評価された作品が数多く出品された。現在、原住民の伝統的なデザインを取り入れた現代的な衣装や小物は台湾の市場に多く流通し、みやげものや身の回りの日常の品として広く親しまれている。

台湾原住民の伝統織物の手しごと

日本統治以前の台湾原住民は、多くが主に栽培した苧麻からとった繊維を用いて、解体して持ち運びができる、水平背帯織布機と呼ばれる地機で布を制作していた。地機での機織りは、地面に腰を下ろして、布を巻き取る器具（経箱）と腰とを帯で固定し、両足で押して糸の張りを調節し、緯糸は杼《ひ》とよばれる器具を使って経糸の間を通す（図3-5）。

機は硬い木と竹から作成され、経箱、固定棒、分離棒、糸綜絖、経糸引き上げ棒、綜絖棒、刀杼、板状の杼、布巻き込み、腰当から構成される。地機での織布は足でテンションを調節するため非常に労力がかかり難しく、また腰への負担が大きかったという。

布の制作にはまず、山から栽培した苧麻を刈り取る（採麻）（図3-6）。採集した苧麻の茎を数本まとめて手でしごき、足の指に挟みつつ、竹鋏に挟んで繊維を取り出す（剥麻纖維）。取った繊維は洗って（浣紗）乾燥し（曬麻）、もみ殻をかけてもんだりうちつけたりしながら柔らかくする（搓揉）。柔らかくなった繊維は手で撚りをかけ（捻線）、これを長いコマのようなものを回しながら巻きつけいていく（紡紗）。次に、糸を巻き取ったコマのようなものから、上下T字型の棒が付いた棒に糸をひっかけていき（上框架）、輪上にまとめて綛にする（絡紗）。灰汁を水に溶いたものに着けて煮

採麻
剥麻纖維
浣紗
曬麻
搓揉
捻線
紡紗
上框架
絡紗
漂白
染色
理経
織布

図3-6　台湾原住民女性の麻布制作工程

（出所）順益原住民博物館ビデオおよび李莎莉（1998）『台灣原住民衣飾文化―傳統・意義・圖說』より筆者作成

図3-5　九族文化村にある機織りをするブヌンの女性のモニュメント

（出所）筆者撮影

込むことで漂白し、水で何度か洗って灰汁を落とす（漂白）。漂白された繊維はそれぞれの染料によって染色される。たとえば赤い岩で赤色に染色する場合は、臼に石を入れて砕いてそこに繊維を投入し、杵で何度も付くことで染め上げていく。それぞれの糸は、土台に四本の棒を立てた器具を利用して整経され（理経）、棒から外され、地機にセットして織りあげられる（織布）。

台湾原住民の民族衣装と女性たち

台湾原住民にとって、機織りは女性の特に重要な能力とみなされていた。かつて日本占領時代に禁止されるまで、タイヤル族、セデック族、タロコ族の女性たちは、結婚が可能になると顔に紋面という装飾を施すことが許された［李一九九八］。紋面をするため、つまり結婚できる女性として資格を備えるには、織布の能力を持つことが必須であった。織布が出来ない女性は軽んじられ、結婚することも難しかったという［山路二〇一七］。台湾の原住民の中には性別による厳しい役割分担が多く存在していた。機織りは女性の仕事であり、タイヤル族、ルカイ族、パイワン族、ツォウ族、ブヌン族では、男性は機織りに手を出してはいけないという戒律が存在していた。例えばタイヤル族では狩猟は男性の仕事である一方、苧麻から繊維を取る、糸を紡ぐ、機を織るなどの工程には男性は決して参加してはならなかった［山路二〇一七］。タイヤル族は台湾原住民族の中でも、特に織物文化で有名な民族である。女性は七、八歳ごろから苧麻から繊維を取ることから始め、一三、四歳には一枚の布を織れるようになった。ブヌン族でも同様に布を織る過程は女性のものであった。織機は男性が作り、材料となる苧麻の栽培と繊維を取る工程は女性と男性が共同で行う。しかし、織ることは女性のみが許された仕事であり、男性が携わることはタブーとして固く禁じられていた。男性は織機には近づくことさえ禁じられ触ると不猟になり、一方、女性も狩猟道具に触ると不猟や男性の怪我に繋がると言い伝えられてきた。このような厳しい禁忌によって、女性は機織り、男性は狩猟という分業体制が維持されていた［李 一九九八］。

タイヤル族と同じく、ブヌン族でも女性の機を織る能力は重要で、家庭の中で母親や祖母などの年長者から技術を習得するのが一般的であった。織物制作の全工程を身に付けるには通常、三～五年程度が必要で、簡単な平織で腰布を作ることから織り方を習い始めた。家庭に教授可能な女性がいなかった場合には、狩猟の獲物、米、豚などを贈り物として、上手な人物の弟子に入って習得することもあった。また、家事に忙しい女性が織り機を離れても、機織りに戻る楽しみを与えるため、杼[3]は美しく装飾されることが一般的であったという。また杼はすぐに使えるよう女性の頭髪に刺したことから、次第に装飾具としての役割を持ち始め、ブヌンの女性たちにとっての一種のヘアファッションになったという歴史もある［李 一九九八］。ブヌンの女性たちにとって、機織りは家事の中でも特別な仕事であったのだろう。

台中地方の日月譚に近い南投県信義郷には、ブヌン族の集落がいくつか点在しており、観光業に力を入れている。最近では台湾国内や中国からの観光客が多く訪れ、ブヌンの自然と調和した文化などを紹介している。ブヌンの歌は八部合音という、世界でも珍しい歌唱として有名である。信義郷のブヌンの人々は、定期的に歌唱とダンスを集落の会所で行っている。これは観光客も見学が可能だが、あくまでも観光のためのショーではなく、自分達の文化の維持継承を目的として行われている。ブヌンの民族衣装は、女性は黒に刺しゅうが施された上衣を、男性は素地に刺しゅうが施された上衣をまと

図3-7　ブヌンのガイド、サヴィさん（右）とラウンさん（左）

（出所）筆者撮影

う。歌唱とダンスの練習には、子供から大人まで、みな民族衣装をまとって参加している（図３－７）。ブヌンの観光ガイドであるサヴィさんも、ガイドをする時には必ず民族衣装を身に付けるという（図３－８）。普段に着ることはまれになったが、民族衣装を身にまとうことは、文化の尊重と祝福の気持ちが内包されているとサヴィさんは言う。しかし、民族衣装を作るときも自分たちで織物を行うのではなく、工場など外部へオーダーされるのが一般的だという。

文字を持たなかった台湾原住民たちにとっての織物に込められた文様は、自分たちの信仰や神話や社会規範を込めた伝承の意義を伴っており、民族的なアイデンティティと深くかかわっていた。近年の原住民の文化再興や再発見の機運は、原住民文化の誇りを回復させるとともに、市場的な価値を与えるようになってきた。行政は地場産業として原住民文化の産業を奨励し、各地の伝統的な工芸品などを現代的な商品として市場流通させることを推奨した。近年その潮流の中、特に都市部で生活する原住民の血を引く若者たちは、それぞれの文化に現代的なコンセプトを取り入れた歌や絵画など、アート活動を盛んに行うようになってきている。

織物もその一つであり、前述のように伝統的なモチーフを継承しつつも、現代的なデザインを取り入れた個性的な作品を制作する若者たちが多く現れるようになってきた（図３－９）。消えつつあったタイヤル族の機織り技術を再現し、台湾の人間国宝に指定されたタイヤルの尤瑪達陸氏は、伝統的デザインの復元継承と共に、現代芸術と融合した作品などの制作にも旺盛に取り組み、タイヤル族の織物文化の社会的評価を高めている。原住民が多く居住する台

図３－８　ブヌンの人々の伝統的舞踊の練習風景

舞踊は観光客用ではなく、自分達の文化伝統保存のために、定期的に集まって練習をしている。

（出所）筆者撮影

東では、ブヌンのダニフさんが、伝統的な織物の制作手法を広めようと、織物工房兼ショップの達尼芙工坊を開いている。台東市にある東糖文化創意産業園区では、リノベーションされた製糖工場の建物に、若い世代のアーティストらの工房兼ショップが立ち並び、原住民デザインのアイデアをもとに新たな創作へと発展させた製品が並んでいる（口絵3）。

そしてそれは、民族としてのアイデンティティを超え、個人のオリジナリティの表現へと昇華していく。山路［二〇〇九］が台湾における現代市場や美術作品において、制作者の名が記された唯一性を持った作品の出現を指摘しているように、台湾原住民における現代の布の特徴は、歌や絵画などの他のアートと同じく、民族としてのアイデンティティと個人としての表現方法が同時に現れだした点にある。自らの伝統

図3-9　各種原住民族のデザインをモチーフにしたキーホルダー

若い世代の原住民のアーティストによって、新たに創作された「現代」モチーフが、さまざまな民族モチーフの間に見える。

（出所）筆者撮影

にアイデンティティを見出し、それが現代の市場経済の中で個人的創作活動の魅力として開花する。度重なる支配の歴史を経て再生した台湾原住民の女性たちの織物の伝統は、民族の誇りの回復と同時に、個人の自信を高める鍵として、現在の台湾の女性たちの力強さに輝きを与えている。

3　福井県勝山市

勝山の羽二重と産業

福井の銘菓といえば何をおいても羽二重餅だろう。羽二重餅は、餅粉に砂糖と水あめを加えて練り上げ、片栗粉をまぶして作られる柔らかな餅であり、県外への手土産に欠かせない。表面はさらさらと片栗粉をまとい、口当たりはどこまでも甘く柔らかく、舌の上でとけるこの菓子は食べる人に幸福感を与える。胡桃やあんが入ったものなども売られているが、基本はやはりその柔らかな舌触りを楽しむことが出来る餅だけのものが人気である。羽二重餅は、名産の羽二重に似た、きめ細かで柔らかな羽二重の布のようなお菓子を目指して開発されたという。

着物の布地は、生地を作ってから後染めする縮緬や絽などの「やわらかもの」と、先染めして織っていく紬やお召しなど織りの「かたもの」に分かれる。羽二重織は、蚕の繭から取り出した生糸から作られるやわらかものの布である。羽二重の経糸緯糸ともに撚りの無い平織の生地は、その表面につややかな光沢をまとい、柔らかく身に沿うことが特徴だ。福井では、輸出用の大量生産の羽二重を生産し、日本における輸出用羽二重の一大産地のひとつであった。この章の最後に、福井の羽二重生産、特に勝山での機織り業について書いていきたい。

福井の羽二重については、勝山市中心にあるはたや記念館ゆめおーれ勝山が総合的な展示を行っている。ここでは、詳細な生産工程の紹介や織機の実演、繭玉を使った人形や簡易手織機による織物体験などの体験コーナーを展開しており、織物について一日楽しめる場所になっている（図3-10）。

勝山の羽二重の歴史と概要

福井における織物の歴史は古く、はたや記念館ゆめおーれ勝山学芸員の松村英之氏によると、勝山で発掘された遺跡から弥生中期から後期頃の機織具が出土しており、その頃に県内に織物技術が入ったとみられている。文献の記録では、続日本記に元明天皇が和同五年に越前を含む二〇か国に綾錦絹織物の生産を命令していた記録が残っている。中世に入ると、戦国大名の朝倉氏は絹織物産業を保護し、つづく柴田勝家も絹織物業の振興を図り、絹織物生産は隆盛を極めた[4]。江戸時代に入ると慶長六年、結城秀康は越前産の絹織物の名前を「北左紬」と改め、品質改良と販路拡大に励んだ。質の良い越前の絹織物は、公儀献上品にも取り上げられたことも相まって、名全国に声を広めたと言われている。明治に入ると、福井では欧州に視察に行った旧藩士らが絹布見本を持ち帰り、福井における繊維産業近代化のきっかけとなった。さらには、明治二〇年に当時の絹織物作業の先進地であった群馬県桐生から、機織りに精通した職人を呼び寄せて指導にあたらせたことで技術力が向上する。明治中頃に入ると、当時の織物産業の先進地である群馬県桐生の技術者を指導に招いたり、細井順子氏という女性を京都に研修に送って最新鋭のバッタン機（緯糸を通すシャトルの操作をひもを引く仕掛けで行える）

図3-10　はたや記念館ゆめおーれ勝山

長年操業していた織物会社の工場を勝山市が譲り受け、保存活用している。展示以外にも、機織り・繭細工などの体験コーナや、勝山物産品の売店、カフェ、地元野菜の即売所など、一日滞在しても飽きずに楽しめる。

（出所）筆者撮影

を導入したことなどにより［福井県立こども歴史文化館編 二〇一八］、福井は輸出用羽二重の一大産地となっていった。

一方、勝山地域の名産品は時代によって異なるが、たばこ、繭・生糸、菜種などであり、農村の生活では農閑期の冬に、女性たちは家庭で糸を紡ぎ、機で木綿や紬を織ったという［福井繊維情報社編 一九八二］。勝山ではたばこが主力生産物であったが、明治八年のたばこへの課税、日清・日露戦争後の煙草専売法の制定などによって、政府が農民の生産した煙草を買い上げて製造・販売をするようになってしまう。これは勝山のたばこ産業に徐々に打撃を与え、明治三〇年代には廃業に追い込まれる煙草生産者たちが次々と出現し、転業を強いられることとなった。煙草生産者らは政府からの交付金を元手に煙草業者らが目を付けたのが、福井市を中心に盛り上がっていた輸出用の羽二重の生産であった［はたや記念館ゆめおーれ勝山編 二〇一六］。初期の勝山の織物工場は近所の若い女性が雇われて織子として働くといった小規模な工場が中心で、町内には織物を生産する小さな工場が立ち並び、あちこちから織機の音が響く街並みであったという。

その後、第一次世界大戦後の不況により福井の織物産業は一時低迷をする。多くの中小規模の工場が転廃業を余儀なくされるなか、一部の大工場は人絹織物に活路を見出し、福井は一躍一大人絹生産地へと発展する。第二次世界大戦にかけては、羽二重を使ったパラシュートの生産などの軍需利用なども加勢し、生産量も増加した。戦後は敗戦による混乱や昭和二三年の福井震災にも負けず、新しく開発されたレーヨンやナイロン・ポリエステルの合成糸へと転換が進み、世界最大規模の産地へと発展した［福井繊維情報社編 一九八二］。しかし、石油ショック、昭和六〇年代の円高、バブル不況などの相次ぐ経済的ダメージや、安価な外国産織物の流入によって出荷量は減少し、厳しい状況の下、福井の繊維産業界は時代のニーズに合った商品開発や新規素材の活用など、新しい活路の道を模索しつづけている。美しい絹から作られた羽二重の源流は福井に織物の技を根付かせ、時代に応じて変容しつつ産業として福井を盛り立ててきたのである。

羽二重の生産工程

ここでは「ふくい羽二重誕生ものがたり」から、昭和の動力機による勝山の輸出用羽二重の生産工程を紹介する（図３－11）。実は福井の羽二重の糸は福井産ではなかった。明治後期までは全国から輸出用に集まる港町横浜、明治末期には各産地から仕入れられたものであったという。入荷した生糸は荷ほどきされて、傷やよごれがないか検査を受ける。検査を通った生糸は、糸がいたむのを防ぐために処理液に漬けられ（下漬）、脱水機にかけ、乾燥室で乾燥される。乾燥は一定の湿度や温度を保たなくてはいけなかったため、乾燥室の前には宿直室があり、担当する者が夜を徹して乾燥室を管理するとともに、火災が起きないよう見張っていた。乾燥した糸は大きなトンボとよばれる道具に巻取ったのち木枠に巻き替え、張り具合を調節（糸繰）される。

その後、経糸と緯糸は異なる工程を進む。経糸は糊付けされて（一度糊付）「木枠」という小さな道具に巻き取られたのち、もう一度糊付けされ（二度糊付）もう一度木枠に巻き付けられて整経の準備ができる。糸を巻か

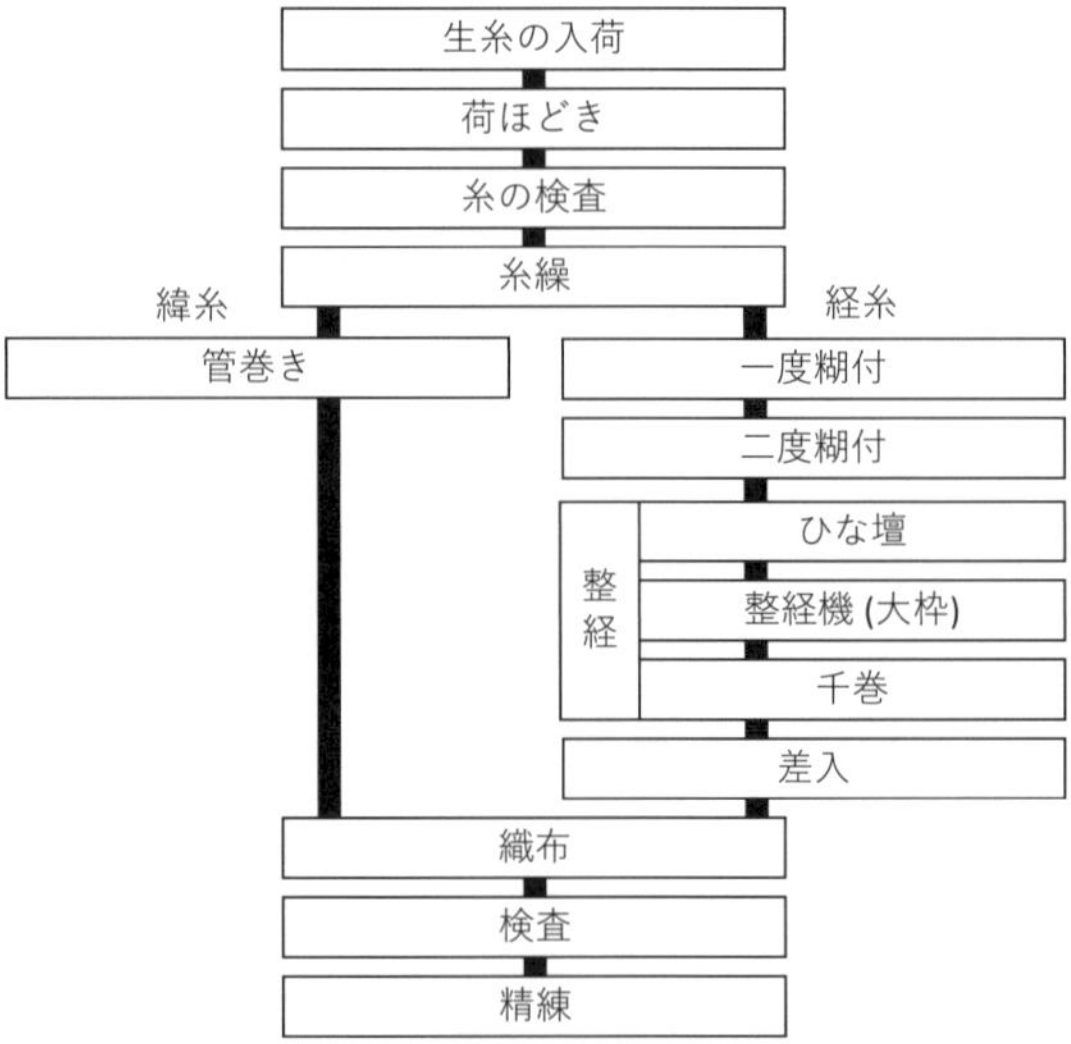

図３-11　輸出用羽二重の生産工程

（出所）はたや記念館ゆめおーれ勝山（2016）『ふくい羽二重物語』より筆者作成

れた木枠は、お雛様をかざるような「ひな壇」に置かれて整経機（大枠）に送られて千巻に巻き替えられる。千巻に巻き替えられた糸はその後、綜絖（経糸を上下させる道具）と筬（緯糸を打ち込む道具）に通して経糸の用意が整う。緯糸はシャトル（緯糸を通すために左右する道具）に収めるための管に巻き替えられる（管巻）。管はシャトルに収めされ、織機にセットされる。織りあげられた羽二重は検査を受け、ここまでが織物工場の過程である。その後、織られた布は精錬工場へと移動して精錬の過程を受ける。精練によって、生糸を覆っているセリシンというたんぱく質や、糊付けされた糊を、煮沸・洗浄・乾燥させることで取り除く。そうして、美しい光沢を備えた羽二重が生産された。

福井の織物産業と女性たち

女工哀史や野麦峠など、女性と繊維産業と言えばどうしても日本各地に残る悲話が思い浮かんでしまうのではないだろうか。福井の織物産業の中で時代はやや違うものの、女性はどのように織物産業で働いていたのだろうか。勝山市は福井の中でも繊維産業が発達していたひとつである。勝山では、地元・県外問わず、多くの女性が繊維産業に従事していた歴史があった。近隣の農家の女性たちや、昭和三〇年代と四〇年代のピークには北海道や東北、九州を中心に集団就職の女工さんたちが勝山で織物産業に従事していた。

勝山にある織物産業の資料館「はたや記念館ゆめおーれ勝山（以後、ゆめおーれ勝山）」は、実際に操業していた機業場と織り機を用いて、勝山の織物産業の展示・紹介を行っている。ゆめおーれ勝山で織り機の実演などを行っている松原優子さんは、中学校卒業から定年まで織物会社に勤めた働く女性たちの辛さは時代につれて変わっていったと説明する（**図3-12**）。機械が便利になる以前の時代には、一人あたりの機械の担当は三〜四台であったが、糸の継ぎ足しなど手をかける頻度は高いため常に人の注意が必要で、就業中は機械の間をずっと歩き続けなくてはならなかったという。また機械の安全性も低かったため、緯糸を通すシャトルが見回りをする女工さんの体に突き刺さったり、衣服が機会に巻き込まれて負傷をしたりなどの事故が起きることもあった。また、工場の環境も体に負担が大きいものであった。絹糸は湿度が低いと切れやすくなるため、工場の床に水を撒く、工場内に水路を通すなどの工夫をして、工場内の湿度を七〇％以上に保っていたという。また光が絹に損傷を与えることを防ぐため、出来るだけ外光が入らないように窓は最小限の開口にするのが常であった。そのため、冬は湿度が高く体が冷えて、健康的な就労環境ではなかったのではないかと松原さんは語る。しかし、機械の改良が進むと、センサーと自動糸継ぎ装置が装備され、織られた布を巻き取るロール等が改良されたことによって、機械の間を歩き監視し続ける負担はなくなっていった。ゆめおーれ勝山の施設となっている建物は、実際に操業していた中堅機業場である木下機業場を利用しているが（図3-10）、この機業場が閉業する直前の平成一〇年には、女工さん一人で一五台ほどの機械を受け持つことができたというほど、初期の時代に比較すると効率化が進んでいたそうだ。

図3-12　松原優子さん（左）と斎藤ケサミさん（右）

（出所）筆者撮影

勝山では女工さんたちの労働環境は、戦前から戦後をとおして、当時としては高い福利厚生を保障していた。戦後の高度経済成長期には中学校卒業の若者たちは金の卵と呼ばれて大切に扱われ、女工さんたちの福利厚生も手厚くなっていった。斎藤ケサミさんは延岡からの集団就職で昭和三五年に勝山の織物会社にやってきた「金の卵」である（図3-12）。当時、勝山にやってきたのは、炭鉱の閉山の影響を受けた九州や東北など、遠方から来た集団就職の若者が多かった。斎藤さんは、福井や近くの近畿圏の若者は都会の企業に取られて行ってしまったためではないかと推測する。福井の若者たちも同様に、東京や大阪などの大都市に引っ張られ、福井では若者の働き手が不足していたため、県外へと働き手を求めなくてはならなかった。勝山のような地方に金の卵を引っ張ってくるには、手厚い福利厚生の魅力を知り合いから伝えてもらうことが確実であった。斎藤さん自身も、昭和三三年から始まった出身高校から就職したバレー部の先輩から、勝山の仕事がどんなに楽しいかを手紙で繰り返し聞かされ、同級生六人と一緒に就職を決めたという。最初の数か月はホームシックになったと笑うものの、当時の想い出はつらいことよりも楽しい思い出の方が多いという。

斎藤さんは「会社も大切にしてくれて季節ごとの催し物や慰安旅行もあったし、当時の勝山は若者が多くにぎやかで、お給料で奇麗なカバンを購入したりと色々な楽しいことがたくさんあった」と青春時代を懐かしく思い出す。勝山では女工さん達が通うための高校を織物会社が設立し、中卒であった多くの女工さんたちは、週の半分は高校・半分は工場と、働きながら高校を卒業することができた。織物業で働いてお金を貯めて高校卒業資格を取り、女工さんを辞めたのちに大学に行った人や、稼いだお金をもとに仕事を興した人たちもいたという。勝山の織物業は、勝山の人々の生活を支える産業であっただけではなく、日本全国からやってきた若い女性たちが未来を自分で切り開くための足がかりの場でもあったのだ。

前述のように、勝山の主産業は明治初期までたばこであったが、専売制制定によって転業に追い込まれた人々は、輸出用の絹織物に目を付ける。次いで絹織物が落ち目になっていくと人絹織物へとシフトし、人絹がまた廃れるとナイロン糸の織物へと、現在の波が沈むと新しい波へと敏感に転換をしていった。勝山の織物産業は、時流の機を見て敏感に新しいものへとチャレンジしていく攻めの姿勢から生まれ、維持されてきた産業であった。勝山に常に地場産業があるということは、この地の女性の働き方や家族の形態を支えてきた。かつての勝山の織物産業では、根気のいる差入（綜絖通し・筬通し）の作業を、農家の高齢女性の内職として出していた。母親が織物産業で女工さんとして働き、祖母らが内職で差入を行って、勝山では女性が織物産業で働くことによって家族の収入を支えたのである。ゆめおーれ勝山ガイドの木村美智子さんは、昭和三〇～四〇年代の織物産業最盛期の勝山では、ほぼすべての家庭が共働きであったと言う（図3-13）。当時、東北などの農村では、収入をえるために冬季に男が出稼ぎに行くのが一般的であったが、勝山では女性が織物産業で得た収入が家族を支えていたため、家族の男たちが出稼ぎにいく必要はなかった。勝山の織物産業の存在と、それを支えた家庭の女性たちが勝山を潤し、家族を守り抜いてきたのである。

図3-13　ゆめおーれ勝山ガイドの木村美智子さん

教員を退職したのち、ゆめおーれ勝山で織物文化を紹介している。

（出所）筆者撮影

おわりに　――女性とキレ

美しい意匠のキレはなぜ私たちの心をとらえて離さないのだろう。訪れるその土地土地で見るキレに女性が心をときめかせる理由には、今の私たちの社会から消え去ろうとしている布に込められた、女性たちの生活の知恵、忙しい生活の中でかけた手間暇と、それをかけても仕上げるだけの想い、布に込められた伝統やアイデンティティ、そういうものを見出す本能が働いているのだろうか。観光は光を観ると書く。日常から非日常の土地へと足を延ばし、その場の文化の光を観る。かつて、人の手自身が自然の資源から繊維を取り、糸を紡ぎ、織って、家族や世の人の衣類を作り出してきた世界があった。各地のそれぞれのキレから私達が感じ取るものは、それぞれの伝統や文化だけではなく、生物の一種としての人間と自然の関係性、その中から醸成された人間の知恵、人としての本来の生き方、そのようなものでもあるのではないだろうか。

衣食住の一つである布の制作という行動は思想へもつながる。ガンジーは糸をつむぎ衣類をつくる「チャルカー運動」をとおして、人間が日々行う制作活動と生活の意義、大きな資本に飲み込まれない民族の誇りを体現することで、自国民に思想を広めた［石井 二〇一四］。日常品の消費者としての存在から生産者へと変化することで、労働に生きがいを見出し、誇りを持つ。身の回りの自然のものから繊維を取り、小さな生産や制作を、誇りをもって行い自身の尊厳へと昇華させる。それはこの章で紹介した各地の女性たちのキレを生み出す姿勢や想いに通じるものがあるように感じる。芭蕉布で出てきた柳宗悦が唱えた民藝運動は、民具の中の美を見出す。かつて人の衣食住はすべて自然の恵みの中から生まれたものを利用してきた。現在、工業化やグローバル化の下、私たちの衣食住は便利になった一方で、私たち自身を自然から切り離してしまった。

今、物を購入する時の価値基準は価格がどれだけ安いかに大きく左右されている。価格を安くするために生産工程は、なるべく安い工程を取れる場所へと流れていく。遠いどこかの知らない人が生産した素材で、また別の知らない人が糸にして、また誰かが布にする。なるべく安い人件費や生産価格の生産チェーンの先にあるのが、安価に手に入る私たちの消費だ。身近にある素材を使った手しごとによる身の回りの品が消えていくことは、生活の価値、文化の価値の消失とともに、間接的に倫理的な価値観の消失にもつながっているのではないだろうか。同時に、地の資源を使い、そこに住む人々が自分たちの文化を反映させたものを生活の中で使用する、またそれを外の世界に発信・流通させていくことは、地場産業としての経済的価値のみならず、自らの文化や歴史やアイデンティティの維持へとつながる。

本章で取り上げた三か所の土地のキレの存在も、伝統的なアイデンティティと商業経済を両端として三者三様であったように思う。そのままでは消えてしまう伝統を守ろうとしてきた、喜如嘉の芭蕉布。家族と女性の自立を支えた地域産業としての、勝山の機織り業。民族と個人のアイデンティティを同時に表現する手段になった、台湾原住民のデザイン。これから先、キレは社会の中でどのような意味を持つ存在になるのだろう。象形化され世界の市場に乗ることでアイデンティティに繋げる若い世代もいれば、伝統的な手しごとを保存していくことに意味を見出す若者もいる。先進国の敏感な若者の間では、ファストファッションに異を唱えるエシカルなスロー・クローズ運動などの潮流も出てきている。これから若者たちはキレをどう扱っていくのか。キレにまつわる手しごとを手放したこれからの女性たちは、キレの消費者として何を感じ、考えてくのか。

ところで、では、キレを生み出す「織り」という仕事は、なぜ多くの地で女性の仕事であったのだろう。本章で取り上げた三か所ともに織るという過程は女性のもので、台湾原住民の間では男性が織布の過程に手を出すことは禁忌でさえもあった。古くからのおとぎ話の織姫も空で機を織る女性である。かつて農村では男たちが力仕事、女性たちが手先の細かい作業ということで分担がなされていたことは想像に難くない。しかし、勝山の羽二重産業のように機械化されたのちも、糸を紡ぐ・織るという過程は女性たちが担当することが多い。リヨンや西陣など一部の工芸的な織物産業などでは男性が担ってきたものの、機械化されたのちでも糸を紡ぐ・織る過程を主に女性が担当してきた理由は不明である。手先が器用だからか、気配りが細かいからか、それとも美しいものが好きだからか、考えても答えは出ない。

観光地でも観察していると、キレを見ているのは圧倒的に女性が多い。古今東西、老いも若きも、女性はキレに心を奪われる。それはキレの魔力なのか、それとも連綿とキレと関わって来た女性の仕事としての、遠い記憶のせいなのか。

謝辞

本稿を執筆するにあたって、喜如嘉の芭蕉布保存会理事長の平良美恵子氏、南嶋民俗博物館館長の崎原毅氏、台湾ブヌン族ガイドのサヴィ氏およびラウン氏、台湾南投県信義郷のブヌン族の皆さん、元福井県立大学生の戴小瑾氏、福井県立大学生の龍蘇丹氏、はたや記念館ゆめおーれ勝山学芸員の松村英之氏、同ガイドの松原優子氏、斎藤ケサミ氏、木村美智子氏、台湾原住民族との交流会会員の近藤綾氏には多くのご教示、ご協力、ご指摘を頂いた。記してここに感謝する。

注

（1）不純物を取り除く工程。

（2）元来ある場所に居住していた人々について、日本では「原住民」というタームに未開の民族というネガティブなイメージが付随するため、「先住民（族）」を採用することが常識となっている。しかし、台湾では「先」に過去に存在して現在は存在しないという意味が含まれ、通称・行政用語として「原住民《ユエンジュミン》(族《ズウ》)」の呼称が用いられている（石垣[2001]、中村[2018]）。本章では台湾での呼称に倣い、「原住民（族）」表記を用いる。また、各民族の呼称についても、各族のまとまりを示す場合にはたとえば「タイヤル族」「ブヌン族」などのように「○○族」表記を使用する。

（3）経糸の間に緯糸を通すための細長い道具。

（4）「一般社団法人福井県繊維協会公式ホームページ 福井の繊維 福井県繊維産業歴史」(http://www.fukui-seni.or.jp/20rekishi/index.html、二〇二〇年二月一四日閲覧）による。

参考文献

〈邦文献〉


石垣直［二〇一一］『現代台湾を生きる原住民―ブヌンの土地と権利回復運動の人類学―』風響社。

石井一也［二〇一四］『身の丈経済論―ガンディー思想とその系譜―』法政大学出版局。

黄國賓［二〇一二］「台湾原住民伝統織物における菱形文様の分類を試みる」『神戸芸術工科大学紀要：芸術工芸二〇一二』。

沖縄県立博物館編［一九八八］『沖縄の織物』。

沖縄県立博物館編［一九九六］『芭蕉布と平良敏子』沖縄県立博物館友の会。

沖縄文化社編［二〇〇〇］『沖縄の伝統工芸』有限会社沖縄文化社。

喜如嘉の芭蕉布保存会［二〇一八］『芭蕉布の今昔（第六版）』喜如嘉の芭蕉布保存会。

喜如嘉の芭蕉布保存会［発行年不明］『喜如嘉の芭蕉布』リーフレット、喜如嘉の芭蕉布保存会。

児玉絵里子［二〇〇五］『琉球の染めと織り』河出書房出版。

平良敏子［一九九八］『平良敏子の芭蕉布』日本放送出版協会。

田中俊雄・田中玲子［一九七六］『沖縄織物の研究（特装本）』紫紅社。

蔡玉珊［二〇一二］「台湾原住民の織物技術に関する調査研究」『台湾原住民一三族の伝統的織物の制作技術と文様色彩にみるアジアンデザインの構造比較』神戸芸術工科大学。

其楽木格［二〇一四］『台湾原住民の服飾について―ツォウ族、ルカイ族、アミ族を中心に―』兵庫県立大学修士論文。

中村平［二〇一八］『植民暴力の記憶と日本人―台湾高地先住民と脱植民の運動―』大阪大学出版会。中村耀［一九八〇］『繊維の実際知識』東洋経済新聞社。

はたや記念館ゆめおーれ勝山編［二〇一六］『はたやブックレット五明治の勝山産業―煙草と生糸から羽二重へ―』。

福井県立こども歴史文化館編［二〇一八］『ふくい羽二重誕生ものがたり』福井県織物工業組合。

福井繊維情報社編［一九八二］『福井羽二重の生まれるまで』福井県輸出絹織物工業協同組合・財団法人福井県シルク振興協会。

松井健［二〇〇五］『柳宗悦と民藝の現在』吉川弘文館。

柳宗悦著・松井健改題［二〇一六］『芭蕉布物語』榕樹書店。

山路勝彦［二〇〇九］「蛇行する〈原住民工芸〉――台湾タイヤル族の織布文化、脱植民地化とモダニティ――」『国立民族学博物館研究報告』三四（一）。
呂怡屏［二〇一七］「台湾における災害展示と民族アイデンティティとの関係」『総研大文化科学研究』一三。

〈中国語文献〉

李莎莉［一九九八］『台灣原住民衣飾文化――傳統・意義・圖說――』南天書局有限公司。

〈欧文献〉

Yao Te-hsing ed. [2004] *Reflection of Taiwan's Indigenous cultures*, Nantou Country: Formosa Aboriginal Culture Vilage.

第4章　ウィリアム・モリスをめぐるイギリスの工芸

長岡亜生

はじめに

二〇一八年七月～二〇二〇年五月、「ウィリアム・モリスと英国の壁紙展―美しい生活を求めて」が群馬をはじめ日本各地で巡回された。ウィリアム・モリス（図4-1）は、草花や鳥などをモチーフにした壁紙や布地、テキスタイル（染織物）のデザインでよく知られ、その植物模様のパターンデザインに見覚えのある人も多いだろう。モリスにまつわる展覧会は、近年テーマや形を変え繰り返し開催されており、その人気がうかがわれる。イギリスでは、いまなおモリス作品は制作・販売されているが、本国以外で人気が高い

図4-1　William Morris（1834-96）
by Elliot & Fry（1877年）

のは日本、ロシア、スウェーデン、アメリカの順だといい、世界中にファンがいる。(1)モリスグッズは家具や寝具、文房具、小物にも展開され、最近では、世界中に店舗を構えるスウェーデンのファッションブランドH&Mが、そのデザインを採用している。

モリスは壁紙やカーテンだけでなく、絨毯やタペストリー、家具など室内装飾全般をトータルに手がけたデザイナーとして、かつ職人／工芸家として、人びとの暮らしを豊かにする、ものづくりに携わった。さらには詩人、思想家、小説家でもあり、あらゆる面で傑出した才能を開花させた人物である。本章では、ロンドンとその近郊でモリスゆかりの場所をめぐり、人生や思想をたどりながら、モリスの手しごとに触れていく。イギリス、とりわけロンドンには美術館や各種博物館が数多く、絵画や彫刻など「高尚な」芸術を鑑賞する機会はふんだんにあるが、ここでは、イギリス人の生活に根ざした工芸に注目する。そして一五〇年以上を経てもなお、世界中の人びとを魅了するモリスデザインの背景にあるものをさぐりたい。

1 モリスとアーツ・アンド・クラフツ運動

ウィリアム・モリス

モリスが、室内装飾デザイナーの道に進む契機となったのは偶然の出来事だった。聖職者志望でオックスフォード大学に入学したモリスは、やがて建築を志し建築事務所で修行を始めるが、学友のエドワード・バーン＝ジョーンズとの交流を通して絵画に専念するようになる。一八五六年、モリスはロンドンでバーン＝ジョーンズと共同生活を始め、ラファエル前派の画家ダンテ・ゲイブリエル・ロセッティに師事し始める。転居先で家具を調達しようとしたが、椅子やテーブルなどに満足できる市販品がなく、モリス自らデザインを手がけ、近所の家具職人に作らせたという。これがデザイナーとしてのモリスの出発点であるとされている。

モリスがデザインしたのは、当時の若者が好むようなものではなく、優雅さとは無縁の、堅牢な中世風の家具だった。量産され芸術性を失った工業製品ではなく、伝統的な中世の手しごとによる作品を求めたのだ。「有用とも美しいとも思えないものを家のなかに置いてはいけない」と後年語っていたように、(2) 以来モリスは、生涯を通じて、何よりも生活のなかに実用性と美的価値を兼ね備えたものをとり入れることを目指したのである。

一九世紀後半のイギリス

世界に先がけて産業革命を達成したイギリスでは、一九世紀、それまでの手工業による製造に代わって機械が導入され、大量生産により、ものがあふれ始める。一八五一年には、鉄とガラスによる斬新な建造物〈クリスタル・パレス〉を会場に第一回ロンドン万国博覧会が開催された。世界各国の産業の成果物が集められた展示は、世界をリードするイギリスの産業力誇示を目論むものだったが、図らずも、そのデザイン力のなさを露呈することとなった。とくにフランスのデザイン性の高さに比して、イギリスの展示品は過去の装飾様式を踏襲したにすぎず、俗悪だと批判されもした。

これをきっかけに、工業製品にデザイン性をとり入れようとする機運が高まり、万博の展示品を集めた産業博物館を経て、一八五七年に〈サウス・ケンジントン博物館〉が設立される。あらゆる分野のデザイン工芸品を収集する世界初のデザイン・ミュージアム、のちの〈ヴィクトリア&アルバート博物館〉である。博物館には学校が併設され、工芸家やデザイナーを支援、養成するシステムの普及も目指された。しかし職人と芸術家、労働と芸術の世界の間には大きな溝があった。この課題に向き合い、改革に取り組んだのがモリスである。伝統的な職人技と手しごとを復活させ、実用的機能をもつ美術品を創造しようとした。モダン・デザインの父といわれるゆえんである。

アーツ・アンド・クラフツ運動

その背景にあったのは、批評家ジョン・ラスキン（一八一九～一九〇〇）の思想だった。ラスキンは、近代工業社会における分業体制が、人びとから仕事の誇りや生きる喜びを奪ったと批判し、中世の職人の創作活動こそが芸術の理想であると考えた［藤田 二〇〇九］。その著作に強い影響を受けたモリスは、生活をとりまくすべてのものを「芸術」ととらえ、伝統的な手しごとを通して、生活のなかに美を実現しようとしたのである。

こうしたモリスの思想と活動に先導され、一九世紀後半～二〇世紀初頭、イギリス全土でアーツ・アンド・クラフツ運動が展開される。伝統的な手しごとの復興、より素朴な生活様式への回帰、家庭の日用品のデザイン向上を目指す工芸の革新運動である［Naylor 2013］。建築やインテリア、テキスタイル、装飾デザインなど、その表現は多岐にわたり、社会のあらゆる階層に向けて、簡素で上質で機能的なものを生み出すことを目的とした。中世ヨーロッパのギルドを手本にした団体が続々と設立され、工芸の展覧会を主催、後援する組織としては一八八七年に〈アーツ・アンド・クラフツ展覧会協会〉が発足する。アーツ・アンド・クラフツという名称はここに由来するのである。工芸は、絵画や彫刻などの純粋美術に劣らない芸術的価値をもち、美術と工芸は再び統合されるべきとする思想を基盤に、活動はその後、ヨーロッパからアメリカなど世界規模での広がりを見せ、日本では民衆の日常生活に工芸の美を見出そうとした民藝運動に影響を与える［菅 二〇〇三］。

2　ヴィクトリア&アルバート博物館

世界初のデザイン・ミュージアム

伝統的なものづくりを復興させたモリスの作品を、ロンドンで手っとり早く鑑賞し、当時のアートの雰囲気を味わうのに最適なのは、〈ヴィクトリア&アルバート博物館〉である。一八九九年にヴィクトリア女王と夫のアルバート公の名をとって新たに開館して以来〈V&A〉として親しまれている(3)。世界最大級の規模を誇り、デザインやファッション、工芸に特化したコレクションは二二〇万点を超える。モリスとの縁が大変深いミュージアムでもある。

中核となるのはヨーロッパの作品だが、館内の一四〇を超えるギャラリーのうち、イギリスを代表する工芸美術品が年代別に展示される〈ブリティッシュ・ギャラリー〉一七六〇〜一九〇〇年のセクションには、モリスやその仲間たちによる壁紙、タイル、刺繍、タペストリー、ステンドグラス、絨毯や、キャビネット、椅子などが並ぶ（図4-2）。パネルや音声、動画を用いた解説も充実し、壁紙づくり

図4-2　ヴィクトリア&アルバート博物館〈British Gallery〉に展示されるモリスや仲間たちの作品

手前右から2つ目の椅子が基本の〈サセックス・チェア〉、右端は同一シリーズの〈ロセッティ・チェア〉

（出所）筆者撮影

の動画では、三〇もの版木（ブロック）に一五色の染料を用い、完成までに四週間を要する伝統的な製造工程が示される。実際の工房での仕事が映し出され、その職人技に圧倒される。モリスやアーツ・アンド・クラフツ関連コーナーは、当時の作品を概観するにはちょうどよいが、スペースの問題もあり展示品は限られ、やや物足りない。ただ博物館には、モリスだけでも数百点もの作品が所蔵され、同時代の作品や資料も豊富で研究調査には事欠かない。館内のコンピュータからデータベースにアクセスすれば、それぞれ別の展示室に収蔵されるテキスタイル、壁紙、陶磁器やタイルの一片まで検索できる。

モリス・ルーム

〈V&A〉の中庭に面したカフェには、着席スペースとして、制作者の名がつけられた趣の違う部屋が三つ並んでいる。そのひとつ、向かって左に位置するのが、モリス自身が室内装飾を手がけた〈モリス・ルーム〉である（**口絵17**）。一八六八年の完成当初、この三室はそれぞれ独立したダイニングスペース（いわばレストラン）として利用されていたが、二度にわたる修復を経て当時の状態で保存され、現在は誰でも自由に入室できる。じつは〈V&A〉は、カフェを併設した世界初のミュージアムである。先見性にすぐれた初代館長ヘンリー・コール（第一回万博の立役者でもあった）の発案で一八五六年にいったん実現したが、評判が悪く翌年解体される[4]。その後新たに芸術性の高いスペースが目指され、当時仲間と起業していた三一歳のモリスに白羽の矢が立った。

〈モリス・ルーム〉は、壁など部屋全体の色調から、〈グリーン・ダイニング・ルーム〉ともよばれてきたが、その室内装飾は、壁紙からステンドグラス、パネル画、天井画まで、モリスがかつて修行した事務所の先輩建築家ウェッブ、学友の画家バーン゠ジョーンズと協働で担当した。芸術家としてのこだわりから、モリスらは会社の採算を度外視し何度もやり直したとされるが、漆喰壁のオリーブ柄をはじめ、果樹や花々、小動物など自然にあふれる模様には、その後名声を確立することになるデザインがすでにあらわれている。

部屋には、手づくりの家具が配置され、食器を含めテーブルセッティングも設えられた。生活に密着した工芸品を、生活のなかでも重要な食に生かす芸術実践の空間としての意義があったといえる。当時は〈モリス・ルーム〉で食事すること、その時間と空間こそが、アーツ・アンド・クラフツ芸術の生活そのものだった［大内 二〇一三］。現在の家具や食器は工業製品だが（トレイはモリス柄である）、その思想が体現される落ち着いた空間で食事を楽しみ、モリスの芸術を体感したい。カフェとよばれるが、料理も充実し、メインディッシュからデザートまでどれもクオリティが高く、料金もロンドンにしては手ごろである。〈モリス・ルーム〉では、毎週金曜一三～一九時限定で〈ヴィクトリアン・アフタヌーンティー〉も楽しめる（要予約）。

〈V&A〉は、毎日一〇時～一七時四五分（金曜のみ二二時まで）開館。常時六万点もが展示されるといわれる膨大な数の工芸・装飾品を鑑賞できるだけでなく（一日や二日で全部見ることは不可能だが）、本物にさわって違いを実感できる〈ハンズオン〉というしかけが所々にある体験型のミュージアムといえる。また無料の常設展に加えて、個性的な特別展（有料）が複数同時に開催され、二〇一九年夏には、大きな評判となったディオール展、マリー・クワント展のほか、食をテーマとした展示がおこなわれていた。アートやデザインに限らず広範囲の文化にまつわる企画も興味深い。とにかく何度訪れても飽きない。メインショップには、小物から装飾品、宝飾品までさまざまなグッズが並び、もちろんモリスグッズも多種多様に揃っている。〈V&A〉は日本人観光客にも人気が高いスポットだが、サウス・ケンジントン地区には〈V&A〉に隣接して自然史博物館や科学博物館もあり、週末には家族連れで賑わう。平日の午前中に訪問し、ランチやティータイムをとりながら一日のんびり過ごすことをおすすめする。

3 ウィリアム・モリス・ギャラリー

モリスに特化したミュージアム

〈V&A〉でモリスのデザインやアーツ・アンド・クラフツ作品を眺め、当時のアートの雰囲気をつかんだあとは、ロンドン中心部から北東へ地下鉄で約三〇分、ウォルサムストウの〈ウィリアム・モリス・ギャラリー〉でその人生や活動をたどりたい。モリス関連としては世界最大のコレクションを誇るミュージアムで、モリスが青年期を過ごした〈ウォーター・ハウス〉の建物が使われている。開館は一九五〇年だが、二〇一二年の改装で研究機関等が併設され展示室も拡大し、さらに充実した施設になっている。(5) 建物の内装自体にも、床やドア、階段の絨毯、天井など至るところでモリスのデザインに出合える（口絵18）。

一・二階にテーマごとの展示ギャラリーが九室あり、順を追ってモリスの人生をたどることができる。はじめに、一八〇〇年にロンドン近郊の裕福な家庭に生まれたモリスの幼少時から装飾デザイナーになるまでの経緯が、当時の写真や貴重な資料とともに紹介される。二二歳で家具のデザインに没頭したモリスが、芸術家を目指す決意を綴った母親への手紙も感動的だ。つづいて、仲間と立ち上げた会社（のちのモリス商会）の成功への道のりが示され、デザインを通して人びとの趣味を変革させようというモリスの意気込みや商会のブランドに対する誇りが明らかになる。ロンドンの住まい用に初めてデザインした家具をはじめ、展示では商会の製品がほぼ網羅されている。また、モリス商会の経営者としてプレーするタッチパネル式のゲームがあり、時代背景や家庭の事情、資金が示され、顧客のニーズ、素材、デザインから販売価格までを考慮に入れてマーケティング戦略を練り成功を目指す。これが意外と難航し、当時の商会経営の厳しさも実感され興味深い。

モリス商会の実際の工房（マートン・アビー）を模した展示室四〈ワークショップ〉では（口絵19）、壁紙やタペストリー、織物など、モリスの目指した手づくりの工芸品の制作過程、こだわりの原材料、染料やデザインの由来などについて学べる。パネルや動画などの解説に加えて、版木など実際の道具や機械にも触れられる。織物やステンドグラス作り、デザイン体験もでき、子どもから大人まで楽しめる。実際に工房を見学できれば理想的だが、製造過程や材料を知り、本物に触れると、それぞれの工芸品にも俄然興味がわく。展示室八〈アーツ・アンド・クラフツ〉では、当時の工芸について基本から学べる。画面に提示される家具や花瓶など工芸品から、クイズ方式でアーツ・アンド・クラフツ作品を判別するゲームでは、当時流通していた工業製品との違いが明快に示される。また、当時ロンドン中心部の目抜き通りに設けられていた、モリス商会のショールームを疑似体験できる展示室もある。

モリスの思想

このミュージアムでは、装飾デザイナー・工芸家としてのモリス以外の側面にも光が当てられる。二階には、詩人・小説家として、また社会主義者としてのモリスにそれぞれ焦点をあわせたギャラリーがある。展示室七では、四九歳で本格的に社会主義者となったモリスの思想や時代背景、自然環境保全への関心が明らかにされる。ここでも映像資料がわかりやすい。精力的な社会主義活動で周囲に衝撃を与えたともいわれるが、そうした活動は本人にとって、デザインの仕事と相容れないものではなかった。「民衆のための芸術」という理念を掲げたモリスにとって、ものづくりは、貴族や上流階級ではなく一般大衆に向けたものだった。機械で量産された味気ない装飾に満足していた市民に、庶民的でありながら質や趣味のよいものを提供しようとした。もののデザインを通して、人びとの生活と生活意識を変化させようとしたのである［柏木 二〇一七］。だれもが美しいものに囲まれ快適な暮らしができる社会を目指したのだが、モリスも認めていたように、実際に工房で作られたのは、労働者には手の届かない最高級品であり、結局は「一部の選ばれた人」のための芸術でしかないと批判されもした[Pevsner 1956]。

モリスの考える理想的な社会は、小説『ユートピアだより』にあらわれる（図4-3）。自身をモデルにした一九世紀を生きる主人公が、二二世紀の脱工業化したイギリスにタイムスリップする。人びとは自然のなかで共同生活を送り、美しいものづくりに勤しんでいる。いわゆる持続可能性のある生活を礼賛するこの小説は、一八九〇年一月～一〇月に社会主義同盟の機関紙『コモンウィール』に連載され、翌年、改訂・書籍化された。一般大衆が入手できるように廉価版でも流通したようである。〈モリス・ギャラリー〉の展示室五では、工房で制作された本書を鑑賞でき、モリスの「理想の書物」（後述）についても詳しく学べる。人生や思想もあわせて知ることで、作品への理解がより深まる。

図4-3　ウィリアム・モリス『ユートピアだより』（*News from Nowhere*）（1893年）
扉絵にはモリスの別荘〈ケルムスコット・マナー〉が描かれる

開かれたミュージアム

〈モリス・ギャラリー〉の開館時間は一〇時～一七時（土曜は休館）。モリス関連の常設展とは別に、ジャンルや国籍不問のアートにまつわる特別展や一般向けのイベントが開催され、教育機関向けのプログラムも充実している。モリスが釣りを楽しんだという川の流れる広大な公園（もとは私邸の敷地）のなかに位置するため、周辺の自然散策も楽しい。公園にはモリスのデザインにみられる草花の育つ〈モリス・ガーデン〉もある。ギャラリーに併設されたガラス張りのティールームでは、豊かな自然を眺めながら、おいしい食事や紅茶が楽しめる。観光客というより、年配のご夫婦や女性のグループなど近所の人びとが集っている様子で、またイギリス各地でよくみられる光景だが、公園全体が地域住民の憩いの場となっている。

これだけ充実した施設だが、入館料は無料である。前述した〈V&A〉や世界でも最大級の規模を誇る大英博物館、モリス作品も所蔵される〈テート・ブリテン〉など、ロンドンの主に国立の施設には、啓蒙目的もあり、入館料無料のミュージアムが多い（寄付は推奨されている）[6]。こうしたイギリスの文化政策はわが国にもぜひ見習ってもらいたいものである。大英博物館などでは、学芸員の説明を聞きながら見学する小学生の団体に遭遇することがよくある。またどの文化施設でも、芸術教育の一環として子ども向けのイベントやワークショップなどが開催され、家族で楽しく館内を巡れるような工夫がなされている。タッチパネルなど興味をひく仕かけも付随する。芸術が特権階級のものではなく、一般に開かれている。子どもから大人まで誰でも、気軽に立ち寄って日常的に「本物」にふれることができる場があるのは素晴らしい。

4　レッド・ハウス

赤煉瓦の家

モリスの人生や活動について学んだあとは、工芸品や室内装飾が暮らしのなかでどのように使われているか、トータルに見ることができる住宅に移動したい。ロンドン中心部から西へ電車で約三〇分、ケント州ベックスリーヒースの閑静な住宅地にモリスの新婚時の住まい〈レッド・ハウス〉が残存する（口絵20）。所有者の変遷を経て二〇〇三年から、歴史的建築物として、ナショナル・トラスト（価値ある歴史的建造物と美しい自然環境の保護を目的に一八九五年ロンドンで設立）の管理下で公開されている。現在まで修復、複製、改装を重ね、往時よりはモリス色が強まったともいわれるが、(7) モリスファンの聖地として、観光スポット化されているといえる。

外壁を漆喰で仕上げるのが一般的だった時代に、赤煉瓦をむき出しにしていることから〈レッド・ハウス〉と呼ばれるこの家は、モリスが建築家ウェッブに設計を依頼した。尖塔屋根で覆われた斬新な形も当時のイギリス住宅建築とは一線を画す。さらに中庭（この家のシンボルマーク的存在の井戸がある）を中心としたL字型平面は、実用的とされ、その後流行の住居モデルとなり全世界に広がったという［藤田 二〇一七］。モリス夫妻は一八六〇年に入居し、その後ロンドン中心部に転居するまでの約五年半をここで過ごし、この間ふたりの娘ジェニーとメイが誕生している。

室内のデザイン

ゴシック風アーチをくぐってステンドグラスの嵌められた玄関のドアを入ると、正面に階段が見え、ホール右手には、モリスが扉に絵付けを施した大型のキャビネットが鎮座している。階段をあがりながら見上げると、ひとつずつ手描きされた幾何学模様の美しい天井が目に入る。食堂から寝室、客間まで、内装や家具のデザインは、モリス自身が担当し、バーン＝ジョーンズやロセッティらと協働で進めた。ここでも、出来合いのものは無味乾燥で醜悪との判断によるものだった。ロンドンの住まいから運び込まれた大型の白いセツル（長椅子つき戸棚）は、二階の客間に置かれている。タペストリー、カーテン、ステンドグラス、さらに食器やグラスまで、あらゆるものが手づくりで、〈レッド・ハウス〉はいわば「室内装飾の実験の場」となっていた［藤田 二〇一七］。

こうした仲間たちとの協働制作が〈モリス・マーシャル・フォークナー商会〉の創設（一八六一年）につながる。装飾品を制作販売する、絵画・装飾彫刻・家具・金工の職人集団商会、のちの〈モリス商会〉である。イギリスのデザイン力のなさを暴露した前回の万国博覧会から時を経て、一八六二年に開催された第二回博覧会で出品作が評価され、商会はいわゆるデビューを果たす。その後、モリスはロンドンにオフィス、工房を構え、美と機能性を兼ね備えたデザインをつぎつぎと生み出していく。〈モリス・ルーム〉内装の委嘱があったのもこの頃である。この意味でも〈レッド・ハウス〉の存在は意義深い。モリスのデザインの神髄が隅々にまで反映されたこの家を、モリスの生涯の友バーン＝ジョーンズは「地球上でいちばん美しい場所」と称した(8)。

庭とデザイン

モリスとその仲間たちは、室内の装飾から造園までトータルに考えていた。広い庭には、四季折々の花々が咲き乱れるばかりか、リンゴやナシなどの木が繁茂し、果樹園さながらである。自然に見えるように人工的に造作を加えるのではなく、モリスが気に入っていた、もともと果樹園の広がる土地の自然植生を活かした庭を目指したのである(9)。窓を開けておくとリンゴが家の中に落ちてきたともいわれ、「家の一部」あるいは「部屋の延長」としての庭が実現されている［蛭川 二〇一六］。

この庭から着想を得て生まれたのが、もっともモリスらしいパターンが発揮された、壁紙やテキスタイルのデザインである。最初のデザインは、中庭でモリスの目にとまった、蔓バラの絡まる格子に鳥が集まる構図を採用した〈格子垣〉である（口絵21）。モリスはこのデザインをとくに好み、晩年の住居では自分の寝室の壁紙に選んでいる［Marsh 2005］。〈雛菊〉のモチーフも同じく〈レッド・ハウス〉生まれだ（口絵22）。暖炉の装飾タイル、ベッドやカーテンの刺繍にも類似デザインが使われ、二階廊下のステンドグラスの模様はとりわけ、可憐な黄色い花が美しく味わいがある。そこから見下ろせる庭の自然をとりこむように、家中にごく身近な植物や昆虫、鳥などのモチーフがちりばめられる。ただこの自宅では、壁画や染織物が主で壁紙は用いられていない。現存するのは後年の所有者が貼ったものなのである［川端 二〇一六］。

一九世紀のイギリスでは、産業革命で裕福になった中産階級の家庭でガス灯による照明が実現し、室内装飾への関心が高まった。そしてそれまで貴族や富裕層の邸宅を飾っていた漆喰や手描きの壁画、織物など豪奢で重厚な装飾に代わるものとして、手軽な壁紙が登場した。機械印刷が可能になると、さらに安価な壁紙が一般家庭に普及していく［パリー 二〇一九］。商会はそうした需要に応じるも、モリスは機械ではなく、木版を用いた伝統的な手作業での生産にこだわった。当初商会の壁紙を受け入れたのは富裕層の一部ではあったが、一八八〇年代になるとモリスのデザインが体現する「美しい生活空間」という考え方は次第に人びとの暮らしに影響を及ぼすようになる［パリー 二〇一九］。

当時の壁紙デザインには、異国風の植物を写実的に描くものが多かったが、モリスは身近な植物の自然の形や曲線をリアルにとらえ、パターン化した(10)。以後壁紙だけでも五〇を超す図案を世に送り出すが、一貫して土地に根ざす植物を好んだ［パリー 二〇一九］。さらに、「豪華で統一感のないインテリア」が一般的だった時代に［Wilkes 2015］、家具、織物、食器まで自然の美と調和させることを意図した。工芸品をデザインし制作するだけでなく、庭を含む家中をトータルに考えることで、モリスは新たな生活様式を構築しようとしていたといえる。そもそも工芸品は生活に密着したものであり、住宅という環境と一体になって魅力が発揮されるように思われる。博物館の展示とは違って、いわば住宅全体を作品として鑑賞できるのだ。

〈レッド・ハウス〉は、基本的に水曜～日曜の一一時～一七時に公開されている（冬季には休館、または閉館時間が早まることがある）。午前中にはボランティアガイドによるハイライトツアーがあり、一家が暮らしていたころのエピソードを交えながら、モリスがデザインした家具調度品やステンドグラス、壁画から庭まで、見所を案内してもらえる。天井の模様（同一パターンが連続するなかひとつ異なる模様がある）やガラスに刻まれた文字（日本人の名前も見られる）など、指摘されなければ見逃してしまうようなポイントもおさえられている。研究者等による講演やイベントも随時開催されている。敷地内にはカフェやギフトショップ、小さな古書店もあり、庭を散策したり果樹を眺めながら木陰でお茶をいただいたり、ゆったりと過ごすことができる。

理想の家と自然へのこだわり

日本人にも人気の観光地として知られるコッツウォルズ地方に、モリスは一八七一年から別荘を借りていた。〈ケルムスコット・マナー〉である（「マナー」とは領主館の意であるが、ここでは名目上の愛称）。一六世紀に建てられた、当地に特徴的な石造りの邸宅は、モリスにとって生涯理想の家であり続けた。自分の小説の口絵にも用いているほどだ（**図４－３**）。モリスの装飾にあふれる邸宅は、二〇一九年までは四月～八月の水曜・土曜に公開されていたが、二〇二〇年は修復作業のため閉館予定である（二〇二〇年二月二八日現在）。近辺にはモリスゆかりの場所や建物など訪れるべきスポットも多い。

モリスが「地上の天国」と称した当地の壮大な自然は、壁紙やタペストリーのデザインに生かされることになる。いまなお人気の高い〈苺泥棒〉（一八八三年）（**口絵25・口絵23** 布張り椅子の図柄）は、邸宅そばの畑でツグミが苺をついばむのを目にして思いついたといわれる。藍色の美しいこのデザインは、一八八一年にマートン・アビーに構えた大きな工房で、ていねいな手しごとにより制作されたものである。ロンドン南部ウィンブルドンに近い、自然環境に恵まれたこの地で、モリスは実験を重ね、天然の染料を復活させた。インディゴ抜染技法を完成させるのである［ダーリング 二〇〇八、藤田 二〇〇九］。安価で生産効率は高いが色彩がけばけばしい化学染料とは違って、天然染料では柔らかい色調を出すことができ、日光による色あせもむらがないという［パリー 二〇一九］。

モリスは自然の素材にも徹底的にこだわった。モリス商会製の〈サセックス・チェア〉という、ブナの細い丸材にイグサの座を編んだ肘掛け椅子（**図４－２**）は、サセックス州で見つけた一八世紀の椅子（カントリー・チェア）から想を得たとされ、〈レッド・ハウス〉でも使われていた［朝日新聞社 二〇〇九］。アーツ・アンド・クラフツ運動で重視された側面でもあるが［Wilkes 2015］、土地に根ざし、近場で調達できる素材が活かされている。シンプルで軽く丈夫で扱いやすいこの椅子は、デザイン性も高い上に比較的安価だったこともあり、モリス商会のヒット商品となった［藤田 二〇一七］。モリスにまつわる展示には必ずといってよいほど置かれる定番作品である。デザイナーであり職人であったモリスは、あくまでも手しごとにこだわり、効率や利益より質を追求し続けた。

5 エマリー・ウォーカー邸とケルムスコット・ハウス

理想の書物

詩人・小説家として数々の作品を発表したモリスは、書籍のデザインにも関心を寄せていた。大学図書館で中世の彩飾手稿本に魅せられ、以来調査研究を進めてきたが、とうとう一八九一年に〈ケルムスコット・プレス〉を設立する。ロンドン西部郊外のハマスミスの自宅近くに、印刷機を据えた印刷工房を構え、「理想の書物」の制作を本格的に始めるのである。中世の紙を手本に、化学薬品不使用の丈夫な手漉き紙を特注するなど、ここでも材料を吟味し、活字書体のデザインでは美しさと読みやすさを追求した。(11) 紙面の装飾も、彩飾手稿本からヒントを得て植物模様を採用した。壁紙やテキスタイルのパターンの応用である。美しい活字と中世風の装飾で彩られた書物をモリスの娘メイは「宝石」と称した［蛭川 二〇一六］。

表紙や装丁より、活字や紙面のレイアウトに執着し、細部すべてを、完成した書物との関連で考えなければならないとモリスは語っていたが［Naylor 2013］、建物の外観より室内を重視し、トータルに考えるというモリスの建築観と重なる。前述の『ユートピアだより』（図4-3）など、実際の書籍は各所で展示されているが、間近で見るとモリスのこだわりがいっそう感じられる。こうしたモリスの功績により、国内のみならず欧米諸国にまで私家版印刷の動きが広がり、ブックデザインの分野にも光が当てられるようになるのである。

モリスに印刷工房を設立するきっかけを与えたのは、印刷の専門家エマリー・ウォーカー（一八五一～一九三三）だった。モリスほど有名ではないが、アーツ・アンド・クラフツ運動においては重要な人物である。一八八八年の第一回アーツ・アンド・クラフツ展覧会にあわせて開催された一連の講演会で、ウォーカーは「活版印刷と挿絵」と題して講演をおこなった。拡大映写された中世の写本と初期の活字を目にしたモリスは、活字の力強さと美しさに感動したという［ダーリング 二〇〇八］。そこでデザインの可能性に目覚め、芸術としての印刷に本格的な関心を抱くようになる。古書に対する造詣が深く、活版印刷の技術に明るかったウォーカーは、住まいが近所だったこともあり、モリスに絶えず有益な助言を与えたとされる。[12] この出会いがなければ、モリスの美しい装飾本は生まれなかっただろう。生涯の友人として、ウォーカーはモリスの最期に立ち会い、ウォーカー邸には遺品も残されている。

エマリー・ウォーカー邸

そのウォーカーが一九〇三年から亡くなるまで暮らした、テムズ川を望む三階建ての住宅が公開されている。〈エマリー・ウォーカー・トラスト〉により管理、運営され、二〇〇五年以降は三月～一一月の木曜・土曜に、完全予約制のツアーで見学できるようになった（一日三回、各回八名限定）。筆者が参加したのは二〇一九年三月。ボランティアガイドのジュリー・アッシュダウン（Julie Ashdown）に当時の写真資料等を見せてもらい、ウォーカーの経歴や家族、印刷の仕事、モリスとの家族ぐるみのつき合いなど、興味深いお話をうかがう。各部屋の内装や調度品についてもそれぞれ詳しい解説がある。ダイニングルームから狭い階段をあがって、二階の客間、三階の主寝室に至るまで、壁紙やカーテン、壁を覆う織物、絨毯など家全体がモリスのデザインで満たされている（口絵23・口絵24）。家具や陶器、グラス類まですべてモリス商会製で、六〇〇〇もの工芸作品が収められているという。ウォーカーの書斎では、キャビネットの引き出しに収められたモリスの遺品を見ることができ、また、ウォーカーの娘の寝室では、刺繍の専門家として商会内のみならず社会で幅広く活躍していた、モリスの次女メイが丹念に刺繍を施した美しいベッドカバーを鑑賞できる。

ダイニングは温室に直結し、テムズ川につながる裏庭にも出られる。庭には草木や花が植えられ、ここでも自然と家屋とが一体化し、自然にとけこんだ住人の暮らしのなかに作品が調和している。〈レッド・ハウス〉は観光客向けにモリス感を盛っている印象も否めないが、この家ではモリスが実践した内装のトータルコーディネートが、住人に慈しまれたアーツ・アンド・クラフツ作品とともに当時のまま保存されている。ガイドのジュリーは「タイムカプセル」と表現していた。一九世紀後半イギリスの中産階級の家庭の多くが「自宅にモリスの壁紙と織物以外はなにも使わないというのを名誉としたほどだった」［Naylor 2013］とされるが、そのモデルとなる住宅ともいえるだろう。部屋をモリスで飾ることで、人びとは新しい生活様式を手に入れたのである。

この邸宅では、モリスや娘、仲間たちの見事な作品を間近で目にすることができるばかりか、暮らしの中に溶け込んだ工芸品を鑑賞し、それを通して人びとの生きた風土や歴史、生活様式にじかに触れるという貴重な体験ができる。カーテンは季節に応じて素材や厚みの違うものに付け替えていた、というような当時の習慣も知ることができ、大変興味深い。しかしジュリーによると、公開までの大がかりな修復作業はもちろん、邸宅の維持、保存には膨大な人手やコストがかかり（室内修復のためすべての収蔵品をいったん外に出したそうである）、ともかく訪問者を迎え続けたいとのことだった。現在イギリスの貴重な古建築物の多くはナショナル・トラストによって保存されているが、それに先んじ、さらに世界の環境保護運動にも先がけ、モリスは一八七七年に古建築物保護協会を創設していた。「修復」と称し古建築物が破壊されることに我慢がならなかったのだが、モリスは偉大な過去の歴史と文化を自分の時代にいかに受け継ぎ、さらにはいかに次世代へと手渡していくかという課題にも取り組んでいた［菅 二〇〇五］。価値のある古いものを保全することの重要性をも、このウォーカー邸は物語っている。

ケルムスコット・ハウス

ウォーカー邸を出て、テムズ川沿いを一〇分ほど歩くと、モリスが最後の一八年間を過ごしたジョージアン様式の住宅〈ケルムスコット・ハウス〉が見えてくる。よほど気に入っていたとみられ、同じ通りにある印刷工房と同じく、モリスの理想の住まいにちなんで命名された。間口は狭いが、裏手には芝生や果樹園が広がり、この家を選ぶ上で決め手となったのはここでも庭だったという［パリー 二〇一九］。この自宅からテムズ川をのぼれば、コッツウォルズのマナー（別荘）へも容易に移動できるという、地理的にも都合のよい場所だった。

天然素材の美しさを愛し、何ごとにも徹底的にとりくむモリスは、工房を兼ねたこの自宅に織機を備え、一八七八年からは絨毯やタペストリーを試作していた。寝室にまで織機を持ち込んでタペストリー織りの伝統技法を独学で習得したという。ここではまたさまざまな文学作品が執筆された。前述の小説『ユートピアだより』の物語はまさに〈ケルムスコット・ハウス〉から始まり、そこから主人公は川をのぼっていく。さらにこの自宅には、モリスが中心となって活動していた社会主義同盟の支部がおかれ（一八八三年～）、元の馬車小屋（コーチハウス）が講演会場として用いられるようになっていた［Elletson 2009］。

現在、建物はほぼ私邸であり、庭への立ち入りもできないが、一九五五年創設の〈ウィリアム・モリス協会〉本部がおかれ、コーチハウスと地階が博物館として無料で公開されている。毎週木曜と月曜の一四時～一七時（二〇二〇年からは一二時～一七時に変更され日曜も開館）、モリスやその仲間たちの作品などを鑑賞できる。実際に工房で使われた印刷機と活字一式が設置され、モリスにまつわる研究書や参考文献も揃う。さらに常設展とは別に、印刷機を用いたワークショップや社会主義同盟関連の講演会などイベントが頻繁に開催されている。とりわけ注目すべきなのは、ウォーカー邸との共催で両施設をめぐる〈アーツ・アンド・クラフツ・テキスタイル・ツアー〉である（三月〜一一月の月一回開催、お茶・菓子つき、有料）。どちらの施設も開館時間は限られるが、至近なのでウォーカー邸とあわせて訪れることが望ましい。カフェは併設されていないが、すぐそばに居心地のよいパブがありランチも楽しめる。テムズ川沿いの散策にも適した場所である。

ここまで、ロンドン近郊でモリスの人生や活動、作品をたどってきた。インターネットを使えばどこへでも飛んでいける時代だが、自分で足を運び、その土地の空気を吸わなければわからないこともある。本章でとりあげたモリス関連施設は、〈V＆A〉を除き、ロンドン中心部から少し離れるが、夏期でも日本人観光客の姿を見かけることはなかった。とくにウォーカー邸は日本ではほとんど知られていない穴場スポットといえる。イギリスの文化施設を訪れるといつも、ボランティアの存在の大きさを実感させられる。どこに行っても年配のガイドの方たちが活躍され、質問等にも気さくに応じてくださる。モリスやイギリスの工芸を知るために訪れるべき場所はまだまだあるが、地味にモリスをめぐる旅は、ロンドン観光のリピーターにおすすめしたい。

6　イギリスにおける日本文化の受容

モリスの壁紙とジャポニズム

最後に、モリスにみられる日本の影響について考えたい。身近なイギリスの自然に強い思い入れをもち続けたモリスだが、日本の影響が感じとれるデザインも生み出している。〈モリス・ギャラリー〉所蔵の、後期の壁紙〈菊〉（一八七七年）を見てみよう（口絵26）。菊はもちろん東洋の花だが、このデザインはモリスの作品中でも珍しく、日本の影響が認められている[13]。先述のモリス最初期のデザイン〈格子垣〉（口絵21）にも、日本の影響が指摘されている［藤田一九九六］。イギリスでは一八七〇年代から、革と合金の箔を用い豪奢な印象を与える日本の金唐革紙《きんからかわがみ》が壁紙として珍重されていたが［条二〇一六］、モリス商会でも金唐革紙と壁紙のコラボを実現させている。〈菊〉には多様なバージョンがあり、漆塗りや、金属の箔を押しエンボス加工を施したものなど、日本的なイメージが格段に強いものがみられるのである[14]。

背景にあるのは、一九世紀後半の欧米でみられたジャポニズム（日本趣味）の流行である。ロンドンで開催された第一回万博では、開国前ながら日本の屏風などが出品されていたが、一八六二年の万博でさらに日本の美術工芸品に注目が集まる。こうして欧米で日本ブームが起こり、日本の影響を受けた作品も続々と発表された。ゴッホが歌川広重の作品を模写したように（〈雨の大橋〉一八八七年）、当時印象派の画家たちは日本の表現に心惹かれていたのである［柏木・松葉二〇一三］。

日本人観光客にも人気のあるロンドンの老舗百貨店〈リバティ〉は、最高級のデザインと品質を誇り、〈リバティ・プリント〉という繊細な花柄模様の布地でも有名である。最近ではユニクロとのコラボもみられたが、そもそも〈リバティ〉は日本と関係が深い。一八七五年の創業当時は、東洋の製品とりわけ日本の芸術工芸品に特化していた（金唐革紙も扱っていた）のである。東洋のシルク人気に乗じてオリジナル生地の制作も始めたという[15]。自社製品だけでなくモリス商会のプリント生地等も販売していたようである。三階（日本式には四階）には、測り売りされる美しい布地や裁縫関連グッズが各種並び、モリス柄のハギレやパッチワークセット、小物なども揃う。チューダー・リバイバル様式の建物や落ち着いた内装も一見の価値があり、買い物目的でなくても訪れたい。

モリス自身は来日することはなかったが、〈リバティ〉で日本からの輸入品を競って買い求めていたといわれ［藤

田 一九九六〕、日本の工芸装飾作品に深い関心を寄せていたのは疑いない。著述には日本の芸術への言及は少なく、本人も認めていないが、日本文化からの影響は考えられる。それが〈菊〉などの壁紙デザインに反映されているといえるだろう。モリスには日本の芸術との直接的な影響関係は認められないかもしれないが、壁紙制作のブロックプリントは、浮世絵の多色刷りの工程を思わせ[16]、手漉き紙へのこだわりにも和紙との関連性を見出せうる。国が違っても、人びとの暮らしに密着する工芸には通底するものがあるのがわかる。

日本文化とのコラボレーション

木版画といえば、モリスの弟子にあたるフランク・ブラングイン（一八六七～一九五六）は、日本のデザインに強い関心を示し、ロンドン在住の版画家、漆原木虫（本名 由太郎）（一八八八～一九五三）と共同制作をおこなった。〈モリス・ギャラリー〉は、ブラングインが寄贈した日本の木版画を多数所蔵し、二〇一七年二月～九月には〈ブラングインと日本の芸術〉という企画展も催された。[17]この展示がきっかけでコンピュータゲーム〈ハイク・アドベンチャー〉が誕生し、二〇一九年三月、筆者訪問時には紹介イベントが開催されていた（図4-4）。浮世絵にインスピレーションを得て、自然との共生を目指すと制作者が語る世界観で、パズルのようにことばを組み合わせて俳句風のものを創作するゲームである。日本の伝統芸術とゲームとの新しいコラボである。当ギャラリーでは昨今日本文化にまつわる展示も多い。

さらに大英博物館では二〇一九年五月～八月に、マンガをテーマにした特

図4-4 “Haiku Adventure: The Craft of Games”
〈モリス・ギャラリー〉での企画展より

別展“The Citi Exhibition Manga”が開催され大盛況を博した。マンガの展示としては日本国外では過去最大の規模だったという。大英博物館や〈V&A〉は、常設で日本関連の作品の展示に大きなスペースを割いているが（後者は日本の美術工芸品のコレクションとしてはヨーロッパ随一とされる）、ここまで大々的に現代日本の文化が紹介されることはあまりなかったと思われる。イギリスでの日本文化への関心の高さがうかがえる。

現地の人びとの暮らしに根ざした美術工芸品に触れ、その生活様式や文化、歴史を知ることで、異文化への理解がいっそう深まる。その一方で、その土地で日本を感じさせる文化に出合うと、その意外さに驚き、同時に親近感もわく。ふだんとは異なる視座で自国の文化を眺めると、新たな面に光が当たるように思え、日本の文化・芸術の価値、海外への影響力の大きさにも気づかされるのである。

おわりに

室内装飾デザイナー・工芸家としてモリスは、自然からインスピレーションを得て、壁紙や染織物をはじめさまざまな分野で「民衆のための芸術」を実現しようとした。粗悪な工業製品ではなく、美しいものに囲まれた豊かな暮らしを目指したのである。欧米でも人気の〈片づけコンサルタント〉近藤麻理恵ではないが、ときめかないものは家に置いてはいけないのだ。モリスにとってのときめきは、身近な自然の美を讃えたデザインだった。生活に根ざした芸術品を提供し、自然の美を人びとの暮らしにとり込もうとした。人びとが「自分の生活を芸術的に飾ることのできる」ゆとりこそが、モリスの考える豊かさだったのだ［國分 二〇一五］。

モリスのデザインは、いまや量産されファストファッションと化している。可憐な草花のプリント柄ブラウスは、経済的には消費者にやさしいかもしれないが、もはや、丁寧に手づくりされた工芸品ではない。手しごとで労働の喜びを得るには、良好な労働環境を確保することが必要と考えていたモリスの工房は、労働者にとってとにかくやさしい職場であったという［パリー 一九八八、朝日新聞社 二〇〇九］。翻ってH&Mのアジア工場は、報道によれば劣悪な環境であるようだ(18)。現代の消費社会は、皮肉にもモリスの求めた豊かな暮らしとは程遠いように見える。モリスを手がかりに、いまこそ「豊かさ」とは何か、考え直してみてはどうだろう。グローバル化の流れに抗い、とうとうEU離脱を決行したイギリスでは、自国の伝統や工芸が見直されるかもしれない。そうなればこの国に端を発するアーツ・アンド・クラフツ作品、とりわけイギリスらしさを求めたモリスにもますます注目が集まるのではないだろうか。

謝辞

本章執筆にあたっては、〈ウィリアム・モリス・ギャラリー〉学芸員Ainsley Vinall、〈エマリー・ウォーカー邸〉学芸員Mallory Horrillよりご協力、写真提供を得た。ここに記して謝意を表したい。

注

（1）「『ウィリアム・モリス』ロングセラーの秘密」*Confort* 二〇一三年一二月号。
（2）"The Beauty of Life"「生活の美」（一八八〇年の講演）、Morris［一九一九］所収。
（3）"Building the Museum"（https://www.vam.ac.uk/articles/building-the-museum. 二〇一九年一一月二五日閲覧）による。

（4）“The world's first museum café” (https://www.vam.ac.uk/articles/a-first-of-its-kind-history-of-the-refreshment-rooms, 二〇一九年一一月二五日閲覧）による。
（5）ギャラリーの現在までの経緯は、Kremer and Mason［二〇一一］（ギャラリーカタログ）に詳しい。
（6）入館料無料の背景は、桜井［二〇〇八］を参照。
（7）公開までの経緯は、菅［二〇〇五］第一二章に詳しい。
（8）“Red House” (https://www.nationaltrust.org.uk/red-house, 二〇一九年一一月二五日閲覧）による。
（9）*Red House*（ガイドブック）を参照した。
（10）“William Morris and wallpaper design” (https://www.vam.ac.uk/articles/william-morris-and-wallpaper-design, 二〇一九年一一月一三日による。パリー［二〇一九］、蛭川［二〇一六］も参照した。
（11）印刷用紙やインク等については、蛭川［二〇一六］、柏木［二〇一七］を参照。
（12）*Emery Walker's House*（ガイドブック）を参照。
（13）Kremer and Mason［二〇一一］における〈菊〉デザインの解説による。
（14）一八七九年制作〈菊〉［パリー二〇一九］を参照。
（15）“Store Heritage” (https://www.libertylondon.com/uk/information/the-store/store-heritage.html, 二〇二〇年一月三〇日閲覧）による。
（16）福井市美術館における「平木コレクション『歌川広重の世界』―保永堂版東海道五十三次と江戸の四季―」展（二〇一八年七月〜九月開催）では、ゴッホと広重作品が並置され、木版工程が道具とともに示された。
（17）英語での展示名は、“Sheer Pleasure: Frank Brangwyn and the Art of Japan” である。
（18）“Hundreds of H&M and Gap Factory Workers Abused Daily, Report Says” (https://www.globalcitizen.org/en/content/hm-gap-factory-abuse-fast-fashion-workers/, 二〇二〇年二月一日閲覧）による。

参考文献

〈邦文献〉

朝日新聞社・京都国立近代美術館・東京都美術館・愛知県美術館編［二〇〇九］『生活と芸術—アーツ&クラフツ展 ウィリアム・モリスから民芸まで—図録』朝日新聞社。

大内秀明［二〇一三］『ウィリアム・モリスのマルクス主義』平凡社。

柏木博［二〇一七］『視覚の生命力—イメージの復権—』岩波書店。

柏木博・松葉一清［二〇一三］『デザイン／近代建築史—一八五一年から現代まで—』鹿島出版会。

川端康雄［二〇一六］『ウィリアム・モリスの遺したもの—デザイン・社会主義・手しごと・文学—』岩波書店。

粂和沙［二〇一六］『美と大衆—ジャポニズムとイギリスの女性たち—』ブリュッケ。

國分功一郎［二〇一五］『暇と退屈の倫理学』太田出版。

桜井武［二〇〇八］『ロンドンの美術館—王室コレクションから現代アートまで—』平凡社。

菅靖子［二〇〇五］『イギリスの社会とデザイン—モリスとモダニズムの政治学—』彩流社。

ダーリング、ブルース・常田益代［二〇〇八］『図説ウィリアム・モリス—ヴィクトリア朝を越えた巨人—』河出書房新社。

蛭川久康［二〇一六］『評伝ウィリアム・モリス』平凡社。

藤田治彦［一九九六］『ウィリアム・モリス—近代デザインの原点—』鹿島出版会。

——［二〇〇九］『もっと知りたいウィリアム・モリスとアーツ&クラフツ』東京美術。

——［二〇一七］『ウィリアム・モリス—英国の風景とともにめぐるデザインの軌跡—』梧桐書院。

パリー、マイケル監修［二〇一九］『ウィリアム・モリスと英国の壁紙展—美しい生活を求めて—』朝日新聞出版。

〈欧文献〉
Elletson, H. [2009] *A History of Kelmscott House*, London: The William Morris Society.
Kremer, C and Mason, A. [2011] *William Morris in 50 Objects*, Peterborough: Hudson's Heritage Group.
Morris, W. [1891] *News from Nowhere*, London: Reeves & Turner（川端康雄訳『ユートピアだより』岩波書店、二〇一三年）.

—— [1919] *Hopes & Fears for Art: Five Lectures*, London: Longmans, Green.

Marsh, J. [2005] *William Morris and Red House*, London: National Trust Books.

Naylor, G. [1990] *The Arts and Crafts Movement: A Study of Its Source, Ideals and Influence on Design Theory*, London: Trefoil Publications（川端康雄・菅靖子訳『アーツ・アンド・クラフツ運動』みすず書房、二〇一三年）.

Pevsner, N. [1956] *The Englishness of English Art*, London: Architectural Press（蛭川久康訳『英国美術の英国らしさ―芸術地理学の試み―』研究社、二〇一四年）.

Wilkes, A., Bhattacharya, S. and Black, A. et al. [2015] *Design: The Definitive Visual History*, New York: DK Publishing（橋本優子・井上雅人・天内大樹訳『図鑑デザイン全史』東京書籍、二〇一七年）.

終　章　工芸は観光にいかなる意味を与えるのか

山﨑茂雄

1　工芸が追求すべき価値とは何か

元来、工芸は神仏への宗教的儀礼や祈願に不可欠な存在であった。この点は、本書が第一章などで触れた。しかし、儀礼や祈願が廃れた現代において、工芸はもはや商品経済システムに組み込まれ、工業生産を中心とする経済のロジックに覆われているようにみえる。そこでは、市場原理が優先され、価格の高低、競争原理や生産効率のみが基準とされ、いかに産地はマジョリティの消費者層を拡充し、それに向けた商品開発を導くかが中心課題となっている。同時に、素材も植物由来のように地球の生態系と調和したものから、プラスチックに代表される、安価で軽量な合成樹脂素材への転換も進んでいる。

オーストリアの経済人類学者、ポランニーは、市場原理優先社会の生み出す諸問題を多面的に分析し、科学と社会のあり方、方向性を根本から問い直すことを主張していた。現代社会が経済主義的時代精神におぼれ、それゆえ人々の生活は狭義の経済のなかに没していることを警鐘していた(1)。

ポランニーによれば、人間生活の一部に過ぎない経済活動は、本来自然と共同体のなかに埋め込まれていた。しかし、市場経済が肥大化するといつの間にか、自然や共同体から経済活動は逸脱した。本来の人間生活（Livelihood・暮らし、生活様式）を取り戻すためには、トータルで複合的な仕組みのなかに経済活動を埋め戻す必要があり、彼はそのことを複合社会（complex society）と呼ぶ［Pollayi 1977］。

アメリカの社会経済学者、ヴェブレンは、職人の仕事が職人的本能（instinct of workmanship）から生まれると述べている。これは、彼によれば、〈過去の世代の経験を通じて蓄積されてきた思考習慣（habit of thought）の遺産〉ともいうべきものである。すなわち、職人的本能は、人間自身が持つ本能で、精神的な習慣形成を含む生活能力全体の集積ということができる［Veblen 1997］。

工芸が商品経済システムに組み込まれ、グローバル化、機械化・自動化のなかで職人の生活能力との関係も希薄化している。こうした状況をいかに考えるべきかが問題となる。

振り返れば、これまで本書で述べてきたように、工芸は労働集約型産業として職人たちの生活の拠りどころをなすが、同時に地域資源を守り、それを活かして、人々の生活に役立つ製品を職人が手しごととして作り上げるものである。そして、工芸は、宗教的儀礼など人々の生活様式のなかに埋め込まれ、共同体・生活様式のなかから生まれてきた所産に他ならない。同時に、工芸はアーツ・アンド・クラフツ運動を通して生活の質を変えようとする、そうした社会の変革を目指した人間の営為である。

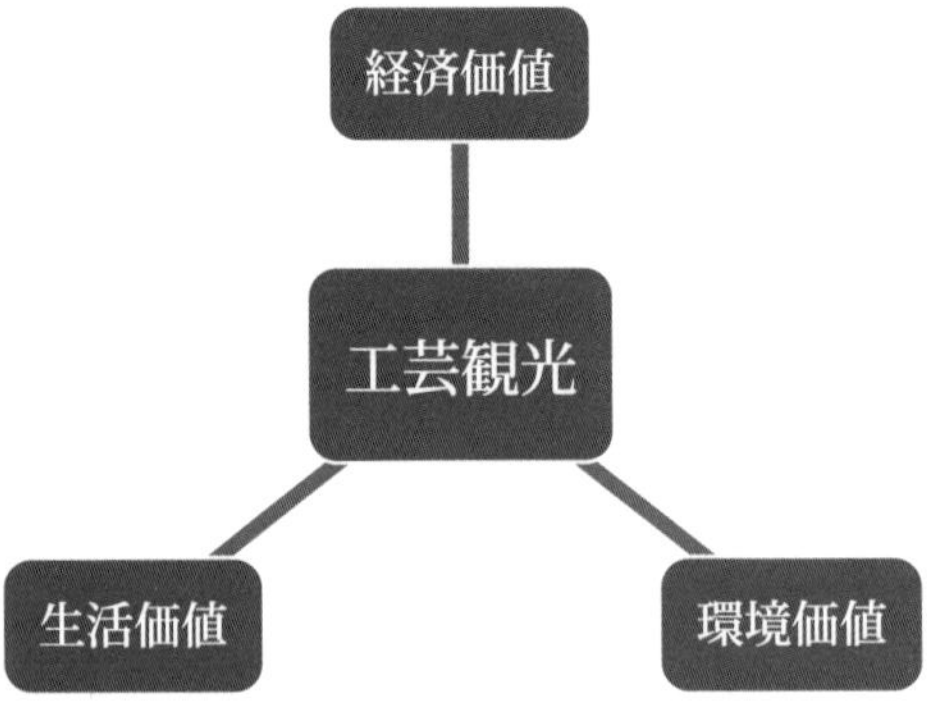

図５−１　工芸観光の３つの価値

（出所）筆者作成

工芸は、手しごとを通して①経済価値、②エコロジカルな環境価値、③生活価値という三つの価値を調和的に体現する人間の目的的・社会的な営みといってよい（図5－1）。そうだとするならば、われわれはいま改めてそれら三つの価値を統合し、それぞれの地域において調和的にその価値を実現することが必要である。

現代社会を見渡せば、温暖化など地球規模の環境問題が直視され、人間と自然の共生が叫ばれている。都市と地方の格差、人口減少などに伴う地域コミュニティの荒廃さらには、排外主義の強まり、異文化への理解の希薄化も進んでいる。

序章で取り出したように、工芸製品が「図」とするなら、その背景に渦巻く「地」としての「場（place）」にこそ、目を向けなければならない。

そこでいう場とは、具体的にいえば、人々の日常生活を範囲とするコミュニティという場所を指す。工芸製品が生まれる場は、いうなれば、生産の場であると同時に生活の場である。また、それはエコロジカルな生活環境の単位をなし、コミュニティで暮らす人々による互いの絆が結ばれる、人間的な生の場といってよい。さらに、そこでいうコミュニティという場所は、そこに生まれてくる課題を解決していくというエネルギーを備え、絶えず新たに形成されていくダイナミックな性格を持つ。

以上のように、現代の工芸は、「地」としてのトータルな価値を追求していくことが必要で、そうしたパラダイム転換が重要であると考える。

2 現代工芸のパラダイムとツーリズム

工芸がトータルな価値を追求することは、観光現象にとってどのような意味があるのか。

アメリカ人を例に考えてみよう。ツーリズムという側面で見ると、歴史的にみて、これまで多くのアメリカ人たちは、世界各地を巡り、そうしたエコロジカルな環境と調和した素材の多様性を発見し、学び、理解して、それをわかりやすく他者に伝えることに努めてきた。周知のように、歴史の浅いアメリカには、アメリカンインディアンなどの先住民文化を除き、伝統文化というカテゴリーに属するものは皆無に近い。それゆえ、アメリカは世界の多様な文化を謙虚に学んできた。そして、アメリカはそれを理解して受け入れ、世界中の人々に英語という言語を通じて伝達することで、世界の文化が保存されると信じてきた。

このように、アメリカ人たちは世界各地の多様な文化を翻訳し媒介して世界中に伝えるという役目を果たし続けてきた。素材自体は、時代の要請に応答した価値を有する。

たとえば、日本発の工芸の素材は植物に由来し、同時にそれが有機農法から生み出されたなら〈オーガニック性〉を併せ持つ。まさしく、それは環境にやさしく、質の高さを誇るのであって、これらのこと自体がエコロジカルな環境価値と合致する。

日本の産地には、人々が生活環境において厳しいなかで耐え抜いて、しかも、それを楽しみに変える力がある。この点、〈芸術の本質〉に立ち返って考えてみる。そもそもお互い喜びを分かち合えるのが芸術に他ならない。苦しみを楽しみに変えるのは芸術の本質といってよい。そのためには、作品を手掛ける者は素晴らしい表現をしなければならず、他者の共感を呼ばないといけない。ラスキンは一九世紀のイギリスに生きた思想家であるが、彼のロマン主義の経済思想に従えば、芸術そのもの自体も素晴らしいが、芸術が人々の人生を輝かせるともっと素晴らしい。

　ラスキンは、産業革命がもたらす負の側面に注目した。一八世紀の半ばからイギリスでは産業革命が起こり、自給経済から商品経済への移行が進み、工場制機械工業の発達をみた。しかし、それに伴う労働者階級と資本家階級の明確な区別が労働者に過酷な労働条件を突きつけ、労働環境は厳しさを極めた。少なからず労働者の生活が崩壊し、子供や女子を含む多くの労働者たちが貧困状態に陥っていく。そのなかで、彼は、〈生活の中に芸術を入れる〉ことで人々の人生を変えようとした。彼は、生活の芸術化が社会を変えるための第一歩と考えた。

　他方、ウィリアム・モリスは、ラスキンに多くの影響を受けた。生活のなかにステイタスシンボルとなるような高級品としての手しごとを持ち込もうということではなく、身近なものをもう一度よきものにしていく、その手がかりとして、手しごとに注目した。単に製品の劣悪化だけではなくて、手しごとが社会の劣悪化をもたらしている産業革命に対する確実なカウンターパンチになるとモリスは考えた。

　それは、労働者の生活のなかに芸術を吹き込む実践的な社会運動であった。実際、彼は一八六一年に〈モリス商会〉というインテリア工芸の小規模な会社を友人らと共同で設立し、ここをアーツ・アンド・クラフツ運動の拠点に定めた。

　モリスによれば、卓越したデザイナーから生み出される生活調度品に囲まれたならば、人間そのものが成長し変化する。モリスは、モリス商会において工房で生産された製品がいかにして労働者家庭のなかに普及されていくかを考察した。いかに労働者層に手しごとによる生活調度品の購入を促し定着させ、労働者の生活や人格をどのようにして高めるか、また変えるか、労働者自身の人格をそのことによっていかにして高めていくことができるか。彼はこうした視点から手しごとという存在を捉えたのであった。

　また、モリスは生活調度品がよきデザインで、しかも庶民の生活のなかに入りうる価格、すなわち合理的価格で質の高い生活のなかへ持ち込まれると、やがて労働者の人格が高められ、その行いが自然を大切にする思考にも通底するとも考えていた。産業革命当時のイギリスの労働者は、例外なく生活苦に追われていた。そうした生活苦は人々の関心までも影響を及していた。人々がお互い尊重しあって個性的に生きること、このことに対して、当時のほとんどの労働者はおよそ無関心であった。関心を持つだけの余裕がなかったのである。

こうした当時の風潮を嘆いたモリスは、労働者間に他人を思いやり、同時に自分も尊重してもらいたいという気持ちを引き出したいと考えるに至る。こうしてアーツ・アンド・クラフツ運動では、人々が協力し合い、芸術作品を通じて生きる力を獲得することが目指された。

当時の労働者たちは、わずか一室の質素で狭小なスペースで暮らすことを余儀なくされていたから、労働者の生活を明るくするには室内カーテンこそが大事である。そう考えたモリスは、植物性のデザインをふんだんにカーテンに取り込むことに努めた。そこには生き生きとした、生命力が宿るものとみなされた。人々はカーテンにデザインされた植物を通じて生命力を体感できる。あわせて生物を配置する工夫も試みられた。そこには、小鳥と植物の絶妙な組み合わせが表現されたのである。

こうしてモリス商会のコンセプトは、〈健康と生きがい〉に向けられていた。オーガニックな素材やデザインから生み出される芸術が人々の生活のなかに溶け込む。そうした環境のなかで過ごすと、人間はインテリアデザインから影響を受けて、自然に対して強い関心を持つに違いない。自然に関心を持つ人間は必ず、健康に関心を持つ。というのも、人間が自然と共生したい、清浄な空気のなかで、かつ楽しい雰囲気のなかで植物に囲まれた暮らしを送りたい、そう欲する人間は、健康的な環境のもとで生活を保とうとするからである。

そして、芸術作品は現実の素晴らしさをシンボルとして示してくれている。優れたデザインのなかで暮らすことは人そのものを変え、生きがいをもたらす。と同時に、芸術作品は生活環境を変える。生活環境を変えることで、健康を生み出す。このコンセプトがモリス商会のデザイン性を常に支配してきたのである。こうしたモリスの原点は、生活価値の実現にあった。

いま、ＡＩ、ＩｏＴなどに象徴される第四次産業革命が進行している。人間社会はデジタル化、機械化、自動化の流れの渦中にある。人間疎外への懸念が再び頭を出し始めた。そうした環境のなかで、人々は旅に何を求めるかということを改めて考えたとき、それは工芸が持つ三つの価値――①経済価値、②エコロジカルな環境価値、③生活価値の三つの価値に出会い、学び、その価値を他者に伝えるという営為ではなかろうか。言い換えると、工芸観光は人間性を回復し、新しい価値に触れ、学びを深める旅ということができる。その意味で、工芸観光の価値は、まさに三つの価値にこそあるというべきである。経済価値のみを追求する社会システムは、観光を押しとどめてしまうというべきであろう。

参考文献

〈邦文献〉

池上惇［二〇〇三］『文化と固有価値の経済学』岩波書店。
川端康雄［二〇一六］『ウィリアム・モリスの遺したもの』岩波書店。
塩野谷祐一［二〇一二］『ロマン主義の経済思想』東京大学出版会。
山崎茂雄ほか編［二〇一九］『図説・神と紙の未来学――世界性・工芸観光・創造知の集積――』晃洋書房。
吉田光邦［二〇一三］『日本の職人』講談社学術文庫。

〈欧文献〉

Ruskin, J. *Unto This Last*, [1862] (Included in Vol.17 of The Works of John Ruskin.（飯塚一郎訳［一九七九］「この最後の者にも」五島茂編、世界の名著四一『ラスキン／モリス』中央公論社。

Naylor, G. *The Arts and Crafts Movement* 2 Trefoil［1990］（川端康雄・菅靖子訳）［二〇一三］『アーツ・アンド・クラフツ運動』みすず書房。

Morris, M. ed. *The Collected Works of William Morris*, Longman, 1910-15（内藤史朗訳）［一九七一］『民衆のための芸術教育モリス』明治図書出版。

Polanyi, K. The Livelihood of Man, Academic Press［1977］（玉野井芳郎・栗本慎一郎訳）［一九八〇年］『人間の経済』I 岩波書店。

Veblen, T. The Instincts of Workmanship and the State of the Industrial Arts, Casino Inc［1914］（松尾博訳）［一九九七］『経済的文明論——職人技本能と産業技術の発展——』ミネルヴァ書房。

《ヤ　行》

《ラ　行》

索　　引

《執筆者紹介》

山 﨑 茂 雄（やまさき　しげお）［序章・第２章・終章］
福井県立大学経済学部 教授

長 岡 亜 生（ながおか　あき）［第４章］
福井県立大学学術教養センター 教授

石 丸 香 苗（いしまる かなえ）［第３章］
福井県立大学学術教養センター 准教授

加 藤 裕 美（かとう　ゆみ）［第１章］
福井県立大学学術教養センター 准教授

ロ レ イ ン ・サ ッ カ（ろれいん さっか）［第２章執筆協力］
福井県立大学学術教養センター 准教授

《編著者紹介》

山﨑茂雄（やまさき　しげお）
京都大学経済学部卒、同大学院修了
福井県立大学経済学部教授
最近の著作として、
共編著『神と紙の里の未来学 ― 世界性・工芸観光・創造知の集積』（晃洋書房、2019年）
編　著『町屋・古民家再生の経済学』（水曜社、2016年）
などがある。

世界の工芸と観光
―― 手しごと・豊かさ・美しさ ――

2020年4月30日　初版第1刷発行
＊定価はカバーに表示してあります

著者の了解により検印省略

編著者　山﨑茂雄©
発行者　植田　実
印刷者　出口隆弘

発行所　株式会社　晃洋書房
〒615-0026　京都市右京区西院北矢掛町7番地
電話　075（312）0788番(代)
振替口座　01040-6-32280

ISBN978-4-7710-3377-1　印刷・製本　㈱エクシート